Michael Dräger, Marina Gerking

Die Textinterpretation

9./10. Schuljahr

MANZ VERLAG

Manz Verlag

Lektorat: Peter Süß, München
Herstellung: Karin Schmid, Baldham
Umschlagkonzept: KünkelLopka, Heidelberg
Umschlagfoto: Fotostudio Maurer, Bamberg
Druck: Finidr s.r.o., Český Těšín

ISBN: 978-3-7863-1075-4

www.manz-verlag.de

Tipps zum Training mit diesem Buch

Mit diesem Buch kannst du die **literarische Textinterpretation** als Aufsatzform **trainieren**, Schritt für Schritt **verstehen** und deine **Kenntnisse vertiefen**. Egal, ob du Einsteiger bist oder zu den Fortgeschrittenen gehörst: Du findest hier **alle wichtigen Infos** – sowohl zu einzelnen Textsorten als auch zu ihrer Analyse.

Kapitel A zeigt dir, **wie du an einen Text herangehst und analysierst**. Alle Arbeitsschritte sind übersichtlich zusammengefasst und auf jede Textvorlage anwendbar. Danach lernst du allgemeine **Merkmale von Prosa, Drama und Lyrik** kennen.

In den Kapiteln B bis D kannst du die **Technik der Interpretation** an acht konkreten Textbeispielen anwenden. Es geht dabei um Kurzgeschichten, Auszüge aus Romanen, eine Dramenszene und einen Gedichtvergleich. Die Aufgabenstellungen sind ganz unterschiedlich, sodass du einen breiten Überblick über unterrichtstypische Inhalte bekommst.

Natürlich sollst du mitmachen und zeigen, ob du alles verstanden hast: Du kannst kurze **Aufgaben selbstständig lösen** und **Interpretationen schreiben**. Zahlreiche **Tipps** helfen dir dabei. Zu jeder Aufgabe findest du einen **Lösungsvorschlag** sowie zu jedem Thema ein **komplettes Aufsatzbeispiel**. Im Lauf der Zeit stellst du fest, dass du bei der Analyse literarischer Texte immer sicherer wirst.

Mit diesem Buch kannst du zusätzlich zum Unterricht im 9. und 10. Schuljahr gut trainieren – oder dich auf eine Klassenarbeit vorbereiten. Kurz vor der Prüfung helfen dir besonders die Tipps, Zusammenfassungen und Aufsatzbeispiele weiter.

Wir wünschen dir viel Spaß und Erfolg!

Inhalt

A Die Textinterpretation – Fragen und Antworten

1 Wie gehst du an einen Text heran?

Dir ist das wahrscheinlich auch schon passiert: Du liest einen Text – plötzlich siehst du bunte Bilder und manchmal läuft in deinem Kopf sogar ein kompletter Film ab. Deine Fantasie wird angeregt; du stellst dir die Inhalte des Textes (Personen, Handlung, Gegenstände) so vor, wie sie in Wirklichkeit aussehen könnten.

Bilder und Filme im Kopf sind ideale Voraussetzungen für die Interpretation eines Textes. Und was ist das Ziel der Analyse und Interpretation eines Textes? Nun, der Text soll nicht nur gelesen werden, um bestimmte Merkmale zu erkennen und diese anschließend aufzuzählen. Es geht vor allem darum, Aussage und Bedeutung sinnvoll darzustellen sowie zu hinterfragen, *warum* die Elemente so und nicht anders vom Autor gewählt wurden. Es wäre ein schlimmer Fehler, wenn du Analyseverfahren, die du im Unterricht gelernt hast, ganz mechanisch – wie Kochrezepte – anwenden würdest, ohne dich um den Text zu kümmern. Die Fähigkeit, das zu schaffen, kannst du Schritt für Schritt trainieren.

Schauen wir uns als Beispiel einen kurzen Text an.

1. Lies das kurze Gedicht von Joachim Ringelnatz mehrmals durch und überlege, welche Textmerkmale für eine Interpretation wichtig sein könnten.

Bumerang

War einmal ein Bumerang;
War ein Weniges zu lang,
Bumerang flog ein Stück,
Aber kam nicht mehr zurück.
Publikum – noch stundenlang –
Wartete auf Bumerang.

Wichtig

- Ausgangspunkt einer Interpretation ist immer der Text. Bei unserem Beispiel handelt es sich um das Gedicht „Bumerang“ von Joachim Ringelnatz. Wie immer du den Text verstehst und auslegst – du musst dich immer direkt auf den Text beziehen.

- Als Belege für deine Argumente zitierst du passende Textstellen. Du nennst den Vers oder die Zeile, in dem etwas Wichtiges steht, oder du setzt bestimmte Wörter/Textausschnitte in Anführungszeichen und nennst wieder die Zeile, in der das steht. Dabei erklärst du, wie du diesen Text verstehst. So kann jeder deine Auslegung direkt am Text überprüfen.

Am Gedicht „Bumerang“ kann man zahlreiche Merkmale feststellen. Viele Leser zählen zunächst die Verse (= Zeilen; insgesamt sechs) und die Silben (sieben pro Vers, nur im dritten Vers sind es sechs), untersuchen dann das Reimschema (Paarreime: aabbaa) sowie lyrische Mittel – die Anapher in den ersten beiden Versen (beide fangen mit „war“ an) werden sie sicher finden. Schließlich fangen sie an, den Rhythmus, das ganz große Rätsel, zu untersuchen. Ferner könnte der Leser noch darüber nachdenken, welche Gedichtform er hier vor sich hat, aus welcher Literaturepoche der Text stammt, welche typischen Merkmale dieser Epoche sich im Text finden – und ganz viele auswendig gelernte Dinge aufschreiben. So vergeht die Zeit, aber dass das ganze Gedicht ein Witz sein soll, wird übersehen – und vielleicht nie bemerkt.

Beim Gedicht „Bumerang“ ist es sinnvoller, dass du den Text mehrmals laut liest, denn dadurch merkst du sehr schnell, dass hier ein ganz simpler, stampfender Rhythmus mit wechselnden Betonungen vorliegt. Der Rhythmus ist genauso dumpf wie das offensichtlich dumme Publikum, das „stundenlang“ (Z. 5) einem weggeflogenen Bumerang nachschaut. Durch die Zäsur (= Pause) zwischen „Publikum – noch stundenlang“ (Z. 5) und „Wartete auf Bumerang“ (Z.6) wird die Beschränktheit der Gaffer noch deutlicher.

Wichtig

Wenn man den Text, seine Aussage, seinen Sinn und seine Bedeutung verstanden hat, ist eine Interpretation nicht mehr schwer. Das ist das Ziel einer Interpretation: Einen Text verstehen und auslegen sowie das Ganze nachvollziehbar begründen.

1. Arbeitsschritt

Neben der Textvorlage ist die Formulierung der Aufgabenstellung die wichtigste Grundlage. Lies also die Aufgabe mehrmals gründlich durch, bis du sie genau verstanden hast und weißt, was von dir erwartet wird.

2. Arbeitsschritt

Schreib nicht gleich los, wenn du die Textvorlage gelesen hast. Markiere beim zweiten und dritten Durchlesen die Wörter und Abschnitte, die für deine Analyse wichtig sein könnten. Mach dir zusätzlich Notizen auf einem Blatt Papier, um deine Ideen festzuhalten.

3. Arbeitsschritt

Anschließend bringst du Ordnung in deine Notizen: Du fasst zusammen, was zusammengehört, damit du nichts durcheinanderbringst. Die geordneten Ideen sind nachher der rote Faden für deinen Aufsatz.

4. Arbeitsschritt

Wenn du einen tollen Notizzettel hast, möchtest du natürlich all deine Entdeckungen schildern. Du musst jedoch vorher deine Ideen in eine logische Reihenfolge bringen, damit der Leser des Aufsatzes deinen Gedankengang nachvollziehen kann. Man nennt das *Gliederung*.

5. Arbeitsschritt

Danach machst du dich an die Formulierung einer kurzen Einleitung. Sie besteht meist aus nur ein bis zwei Sätzen. Sie muss Folgendes enthalten:

- Name des Autors/der Autorin des Textes
- Titel des Textes
- Kurze Angaben zum Inhalt oder zu deinem Textverständnis
- Falls nötig: die Fundstelle
- Eventuell: besonders wichtige Angaben zum Text, die in der Aufgabenstellung enthalten sind.

6. Arbeitsschritt

Schließlich geht es an das Ausformulieren des Aufsatzes. Du orientierst dich dabei am roten Faden deiner Gliederung. Achte beim Schreiben darauf, deinen Text in sinnvolle Absätze zu gliedern und die einzelnen Teile durch Überleitungen miteinander zu verbinden.

Alle Arbeitsschritte kannst du mit Hilfe der Beispiele in diesem Buch nachvollziehen. Am Ende wirst du sehen, dass das Interpretieren von Texten eigentlich überhaupt nicht schwer ist.

2 Was sind Prosatexte?

Unter dem Oberbegriff *Prosa* ist die gesamte erzählende Dichtung zusammengefasst. Hierzu gehören beispielsweise Märchen, Kurzgeschichten, Novellen und Romane. Die Merkmale der Kurzgeschichte kennst du vermutlich noch nicht so gut. Daher fassen wir in den folgenden Abschnitten einige wissenswerte Punkte zusammen.

Die Kurzgeschichte ist eine relativ neue Textart, die es etwa seit der Mitte des 20. Jahrhunderts in der deutschen Sprache gibt. Sie stammt aus dem englisch-amerikanischen Sprachraum, wo sie *Short Story* genannt wird. Den Erzähler einer Kurzgeschichte interessieren vor allem Situationen, in denen der Mensch sich entscheiden muss, wo er Farbe bekennen muss oder wo ihm Zusammenhänge klar werden. Höhepunkt, Wendepunkt und Schluss fallen bei den meisten modernen Kurzgeschichten zusammen. Man spricht hier von der *Punktualisierung*, dem ersten Merkmal.

Inhaltlich geht es häufig um einen kurzen Ausschnitt aus dem Leben einer Figur. Durch Weglassen von Überflüssigem (zum Beispiel langen Beschreibungen wie im Roman) wird hier Konzentration auf das Wesentliche angestrebt. Dies ist das zweite Merkmal von Kurzgeschichten: ihre *Kürze*.

Kurzgeschichten haben weder einen markanten Anfang noch ein eigentliches Ende. Gleich die ersten Sätze versetzen den Leser mitten in die Situation hinein. Der Schluss der Kurzgeschichte bleibt meistens offen, das heißt, dass es keine ausformulierte Lösung gibt. Es bleibt dem Leser überlassen, sich auszudenken, wie das Geschehen weitergehen oder enden könnte. Dies ist das dritte Merkmal: *offener Schluss*.

Die Sprache der Kurzgeschichte ist auffallend einfach und der Alltagssprache angenähert. Bei genauerem Betrachten stellt man fest, dass sie dennoch voll Hintergründigkeit und Aussagekraft ist. Sie deutet mehr an, als dass sie konkret wird. Häufig findet man an Monotonie grenzende Wiederholungen. Dadurch erhält die Sprache eine bohrende Eindringlichkeit. Viertes Merkmal: *einfache Sprache/Alltagssprache*.

Ein fünftes Stilmittel der Kurzgeschichte ist die *Untertreibung*, worunter das Missverhältnis zwischen Aussage und Ausdruck zu verstehen ist. Die Sprache ist nüchtern, fast banal, und lässt die wahre Situation mehr erahnen als begreifen. Dahinter versteckt sich jedoch eine tiefer gehende Aussage: Die Kurzgeschichte lehrt mit der Schilderung alltäglicher Ereignisse, Menschenschicksale zu beobachten und das Unscheinbare in seiner wahren Bedeutung zu erkennen. Man spricht deshalb von der *Alltäglichkeit* und – weil die Aussage des Textes weit über das geschilderte alltägliche Ereignis hinausweist – von der *Mehrdeutigkeit* von Kurzgeschichten.

Hierbei werden oft mehrere Handlungsebenen nebeneinandergestellt, wie beispielsweise die Handlungen, die Aussagen und die Gedanken der Figuren in der Kurzgeschichte „Masken“ von Max von der Grün (siehe Seite 28 – 34). Man spricht von der *Simultaneität* als sechstem Merkmal von Kurzgeschichten.

Wichtig

Zusammenfassung der Merkmale von Kurzgeschichten:

- Punktualisierung
- Kürze des Textes
- offener Schluss
- einfache Sprache/Alltagssprache
- Untertreibung, Alltäglichkeit und Mehrdeutigkeit
- Simultaneität

Novellen schildern *ein* außergewöhnliches Ereignis, während Romane ein längeres Geschehen oder eine Entwicklung mit verschiedenen Handlungssträngen ausführlich darstellen. Beide Textarten kann man ganz oder auch nur in Ausschnitten interpretieren, wie du an den Beispielen in diesem Buch sehen wirst.

Bei der Interpretation von Ausschnitten aus literarischen Werken ist die Kenntnis des Gesamtwerkes die beste Voraussetzung, um den entsprechenden Auszug richtig einordnen zu können. Wichtig sind ferner die literarische Epoche, in der das Werk entstand sowie bestimmte Zusammenhänge (zum Beispiel gesellschaftliche oder politische Hintergründe), in denen der Text steht, denn diese Informationen tragen meist zu einem besseren Verständnis des Inhalts bei.

Prosatexte können dazu dienen, Kritik zu üben. Wenn diese Kritik dadurch geschieht, dass man einen Missstand übertreibt und dadurch bewusst lächerlich macht, spricht man von einer *Satire*, so etwa bei Kurt Tucholskys Text „Herr Wendriner erzieht seine Kinder“ (siehe Seite 45ff.).

3 Was sind Dramentexte?

Unter *Dramen* versteht man die Gesamtheit aller Texte, die für eine Bühne oder zur Aufführung in einem Theater geschrieben werden. Und dies macht schon den Hauptunterschied zu Prosatexten oder Gedichten aus: Dramentexte sind eigentlich nicht zum bloßen Lesen gedacht, sondern vor allem für eine Darstellung auf der Bühne, wo Schauspieler den Text sprechen, aber auch handeln, einzelne Rollen spielen, sich bewegen sowie Gefühle durch Mimik und Gestik zeigen. Hinzu kommen Elemente wie Bühnengestaltung, Beleuchtung, Masken, Kostüme, Anweisungen eines Regisseurs (= Art der Inszenierung eines Stücks) und Musik.

Dramen sind im Hinblick auf den Text ausschließlich auf *Monologe* (= Äußerungen einer einzelnen Figur) und *Dialoge* (= Wechselgespräch zwischen zwei oder mehr Figuren) angewiesen. Beschreibungen von Hintergründen – wie in Prosatexten – sind nicht möglich. Nur im Sprechen der Figuren werden Ansichten, Meinungen oder Charaktereigenschaften für den Leser erkennbar. Den einzelnen Worten und ihren Bedeutungen kommt im Drama somit eine wesentlich größere Bedeutung zu als etwa in Prosatexten.

Dramen zeigen meist nur einen Ausschnitt aus dem Leben von Personen und können keine kompletten Lebensläufe oder gar Entwicklungen über Generationen darstellen, wie du sie teilweise aus Romanen kennst. Die einzelnen Handlungseinheiten im Drama sind die *Akte* (größere Abschnitte), die wiederum aus einzelnen *Szenen* (Untereinheiten eines Akts) bestehen. Alle Szenen sind eng miteinander verknüpft und bauen logisch aufeinander auf, sodass – wie im Film – eine Art Spannungsbogen entsteht. Vielfach fügt der Autor/die Autorin zu einzelnen Szenen Regieanweisungen hinzu, um beispielsweise Aussehen, Handlungen oder Veränderungen der Figuren festzulegen. Diese Hinweise sind im Hinblick auf eine Interpretation sehr aufschlussreich.

Die beiden wichtigsten Dramenformen sind die *Komödie* und die *Tragödie*. Während die Komödie einen lustigen Inhalt hat, der den Leser/Zuschauer zum Lachen bringen soll, zeigt die Tragödie den *tragischen Konflikt* einer Person, eine Krise, die entweder überwunden wird oder an der die Person scheitert.

Zu den ersten Dramentexten, die du im Deutschunterricht kennen lernst, gehört häufig eine Tragödie (siehe auch das Beispiel „Kabale und Liebe" in diesem Buch, Seite 103 – 107). Sie besteht meist aus fünf Akten und beginnt immer mit der Vorstellung der Hauptfiguren und des tragischen Konflikts. Der erste Akt wird *Exposition* genannt. Im zweiten Akt, der *steigenden Handlung*, bricht der Konflikt offen aus. Der dritte Akt beinhaltet den *Höhepunkt* und die *Handlungsumkehr (Peripetie)*. Danach, im vierten Akt, kommt es zur *fallenden Handlung*: Die Tragödie strebt unaufhaltsam dem Ende, auf die

Katastrophe zu. Dabei werden immer wieder alternative Konfliktlösungen angeboten, um die Spannung beim Publikum zu steigern – man spricht hier vom *retardierenden Moment* (= Hinauszögern des Endes). Die Tragödie endet im fünften Akt mit der *Katastrophe*.

Wichtig

Zusammenfassung der Merkmale von Tragödien:

- Inhalt: Tragischer Konflikt, der entweder überwunden wird oder an dem die Hauptfigur scheitert.
- Einteilung: Fünf Akte, welche wiederum in eine Abfolge von Szenen unterteilt sind.
- Aufbau
  - 1. Akt: Vorstellung der Hauptfiguren und des tragischen Konflikts (Exposition)
  - 2. Akt: steigende Handlung; offenes Ausbrechen des tragischen Konflikts
  - 3. Akt: Höhepunkt und Wendepunkt (Handlungsumkehr/Peripetie)
  - 4. Akt: fallende Handlung; Bewegung hin zur Katastrophe, die jedoch noch hinausgezögert wird (retardierendes Moment).
  - 5. Akt: Katastrophe; die Handlung endet meist mit dem Tod der Hauptfigur.

Wichtig für die Interpretation von Dramentexten sind:

- Monologe und Dialoge
- Regieanweisungen des Autors/der Autorin
- Bei Dramenausschnitten: Einordnung der Szene in den Gesamtzusammenhang des Stücks

Bei Klassenarbeiten sollst du immer nur einen Ausschnitt aus einem Dramentext interpretieren. Die Kenntnis des Gesamtwerkes ist die beste Voraussetzung, um den entsprechenden Auszug richtig einordnen zu können. Wichtig sind ferner die literarische Epoche, in der das Werk entstand sowie bestimmte Zusammenhänge (zum Beispiel gesellschaftliche oder politische Hintergründe), in denen der Text steht, denn diese Informationen tragen meist zu einem besseren Verständnis des Inhalts bei.

4 Was sind lyrische Texte?

Lyrik/lyrische Texte ist der Oberbegriff für Gedichte. Im Unterschied zum Drama oder Prosatext ist ein Gedicht häufig nicht sehr umfangreich, was schon darauf hinweist, dass du sehr genau auf die einzelnen Wörter achten musst. Sie können, öfter als in anderen Gattungen, bildliche oder symbolische Bedeutung haben.

Die einzelnen Zeilen eines Gedichts heißen *Verse*. Besteht ein Gedicht aus mehreren Absätzen, nennt man die einzelnen Abschnitte *Strophen*. Du kennst diesen Begriff bereits, denn beispielsweise ein Lied besteht ebenfalls aus Strophen. Wie das Lied, hat ein Gedicht einen ganz bestimmten Rhythmus. Zu deinen Aufgaben bei der Gedichtinterpretation gehört unter anderem, zu erkennen, wie dieser Rhythmus entsteht und welche Funktion er hinsichtlich der Aussage des Gedichts hat. Ein Frühlingsgedicht wird einen flotteren, fröhlicheren Rhythmus haben als etwa ein Gedicht über den Tod, das eher einen langsamen, düsteren Eindruck vermittelt.

Ein Beispiel: Schau dir zum Vergleich die beiden Wörter *Nebelschwaden* und *Lichterkette* an – lies sie am besten mehrmals laut vor. Beide Wörter bestehen aus vier Silben, aber dennoch wirkt der Rhythmus von *Lichterkette* schneller und fröhlicher. Entscheidend dafür sind die kurzen Vokale in *Licht* und *Kette*, während die Vokale in *Nebel* und *Schwaden* lang sind und einen schweren, düsteren Eindruck vermitteln.

2. Überlege kurz und schreibe dann auf die Zeilen, woran du bei den Begriffen Nebelschwaden und Lichterkette denkst. Was verbindest du mit diesen Wörtern? Vier Gedanken zu jedem Wort genügen.

Nebelschwaden	Lichterkette
______________	______________
______________	______________
______________	______________
______________	______________

Dir sind bestimmt viele Dinge eingefallen. Bei *Nebelschwaden* denken wir häufig an Herbst, Winter, Natur, Dunkelheit, Feuchtigkeit, kühles Wetter. Vielleicht hast du auch eine Burg vor Augen, die im Nebel verschwimmt und nur undeutlich zu sehen ist. *Lichterkette* ruft dagegen freundlichere Assoziationen (= Gedanken) hervor, zum Beispiel Helligkeit, eine Szene vor dem beleuchteten Weihnachtsbaum oder das Licht von Kerzen.

Und wenn du nun einen Schritt weiterdenkst, kannst du deinen Bildern eine Bedeutung geben. Etwa zum Herbst, der für das nahe Ende eines Jahres steht, wenn die Blätter von den Bäumen fallen, wenn es draußen ungemütlich wird, das Leben in der Natur langsam verschwindet.

Gedichte sind, wie jeder Text, konstruiert. Das bedeutet, dass der Verfasser alle Wörter ganz bewusst einsetzt. Ähnlich wie in der kleinen Aufgabe, die du gerade gelöst hast, solltest du bei einem Gedicht vorgehen: Achte auf jedes Wort, seinen Rhythmus, seine Bedeutung und seine Funktion. Fasse deine Beobachtungen schließlich zu einem Gesamtbild zusammen.

Wichtig

Wichtige Elemente von Gedichten sind:

- Wenn das Satz- und das Versende übereinstimmen und der Vers mit einer Pause schließt, spricht man vom *Zeilenstil.*
- Überspringt der Satz das Versende und setzt er sich im nächsten Vers fort, nennt man das einen *Zeilensprung (= Enjambement).*
- Wenn das Gedicht aus einer Reihe von Enjambements besteht, sodass die Verse durch übergreifende Satzbögen gleichsam verhakt erscheinen, spricht man vom *Hakenstil.*
- Verse haben einen Rhythmus. Er entsteht vor allem durch so genannte *Versfüße*, einer bestimmten Reihenfolge von betonten und unbetonten Silben. Die vier wichtigsten solltest du dir gut merken:
  - Jambus — unbetont – betont — Beispiel: ***Gedicht***
  - Trochäus — betont – unbetont — Beispiel: ***Dichter***
  - Anapäst — unbetont – unbetont – betont — Beispiel: ***Anapäst***
  - Daktylus — betont – unbetont – unbetont — Beispiel: ***Daktylus***

Ein Dichter kann Versfüße regelmäßig anordnen, sodass das Gedicht einen durchgehenden, gleichbleibenden Rhythmus aufweist. Das Gegenteil davon sind *freie Rhythmen*, wenn das Gedicht schon stark der Anordnung eines Prosatextes ähnelt. Das Klangbild kann für das Verständnis des Gedichts sehr wichtig sein. Du erkennst es am besten durch lautes Vorlesen.

Die Verse können durch *Endreime* (= am Ende des Verses), seltener auch durch *Alliterationen* (= Wiederholung des Anfangsbuchstabens von aufeinanderfolgenden Wörtern, z.B. *Milch macht müde Männer munter*) verbunden sein.

Bei den Reimformen unterscheiden wir hauptsächlich folgende Möglichkeiten:

- Paarreim (aa bb cc)
- Kreuzreim (ab ab)
- umarmender Reim (a bb a)
- Schweifreim (aab ccb)
- dreifache Reimreihe/verschränkter Reim (abc abc)

Unter *Kadenz* versteht man die Art des Versschlusses. Wenn nur eine Silbe reimt (z. B. *gut – tut*), spricht man von einer *männlichen* oder *stumpfen Kadenz*. Wenn zwei Silben reimen (z.B. *Wonne – Sonne*), nennt man dies eine *weibliche* oder *klingende Kadenz*.

Bei Klassenarbeiten sollst du meistens ein Gedicht interpretieren oder zwei Gedichttexte interpretierend miteinander vergleichen. Auf jeden Fall handelt es sich nicht um Ausschnitte, sondern um komplette Texte. Sie sind immer so gewählt, dass du deine Kenntnisse einbringen kannst. Achte also gut darauf, welche Texte du mit der Klasse im Unterricht liest – in der Prüfung ist das Gedicht vielleicht ganz ähnlich strukturiert (hinsichtlich Autor, Thema, Motiv, Aussage, Aufbau etc.).

Bei Gedichtvergleichen geht es häufig um zwei Beispiele aus unterschiedlichen Epochen (zum Beispiel ein Gedicht aus der Epoche der Romantik und ein modernes Gedicht). Die zweite Möglichkeit besteht darin, dass du zwei Gedichte zu einem bestimmten Thema/Motiv (zum Beispiel *Natur, Herbst* oder *Stadt*) miteinander vergleichen sollst.

Lass dir bei einer Gedichtinterpretation ausreichend Zeit zum mehrmaligen Lesen des Textes. Markiere dabei auffällige Stellen, die für die Interpretation wichtig sein könnten, etwa eine bestimmte Wortwahl, Reime und Rhythmen. Füge deine Beobachtungen anschließend zu einem Bild zusammen und bringe sie in eine logische Reihenfolge. Deine Notizen sind dann der rote Faden bei der Ausformulierung des Aufsatzes.

B Die Interpretation von Kurzgeschichten

1 Margret Steenfatt: *Im Spiegel* Inhaltsangabe mit Interpretationsfragen

Schreibe eine Inhaltsangabe zum Text „Im Spiegel“ von Margret Steenfatt, um dem Leser deiner Interpretation eine Grundinformation zu geben.

Beantworte dann die folgenden Fragen in einem zusammenhängenden Text:
- Was ist Achims Problem?
- Welche anderen Personen spielen eine Rolle?
- Welche Bedeutung haben sie für Achim?
- An welchen „Orten“ spielt die Geschichte?
- Welche Bedeutung haben diese „Orte“ für Achim?
- Was hältst du von Achims Situation und Verhalten?
- Als Schluss des Aufsatzes solltest du deine Gedanken zur Frage: Was sagt mir selbst die Geschichte? formulieren.

„Du kannst nichts", sagten sie, „du machst nichts, aus dir wird nichts". Nichts. Nichts. Nichts. Was war das für ein NICHTS, von dem sie redeten und vor dem sie offensichtlich Angst hatten, fragte sich Achim, unter Decken und Kissen vergraben.

Mit lautem Knall schlug die Tür hinter ihnen zu.

Achim schob sich halb aus dem Bett. Fünf nach eins. Wieder mal zu spät. Er starrte gegen die Zimmerdecke. – Weiß. Nichts. Ein unbeschriebenes Blatt Papier, ein ungemaltes Bild, eine tonlose Melodie, ein ungesagtes Wort, ungelebtes Leben.

Eine halbe Körperdrehung nach rechts, ein Fingerdruck auf den Einschaltknopf seiner Anlage.
Manchmal brachte Musik ihn hoch.
Er robbte zur Wand, zu dem großen Spiegel, der beim Fenster aufgestellt war, kniete sich davor und betrachtete sich: lang, knochig, graue Augen im blassen Gesicht, hellbraune Haare, glanzlos.
„Dead Kennedys" sangen: „Weil sie dich verplant haben, kannst du nichts anderes tun als aussteigen und nachdenken."
Achim wandte sich ab, erhob sich, ging zum Fenster und schaute hinaus. Straßen, Häuser, Läden, Autos, Passanten, immer dasselbe. Zurück zum Spiegel, näher heran, so nahe, dass er glaubte, das Glas zwischen sich und seinem Spiegelbild durchdringen zu können. Er legte seine Handfläche gegen sein Gesicht im Spiegel, ließ seine Finger sanft über Wangen und Augen, Stirn und Schläfen kreisen, streichelte, fühlte nichts als Glätte und Kälte.
Ihm fiel ein, dass in dem Holzkasten, wo er seinen Kram aufbewahrte, noch Schminke herumliegen musste.
Er fasste unters Bett, wühlte in den Sachen im Kasten herum und zog die Pappschachtel heraus, in der sich einige zerdrückte Tuben fanden. Von der schwarzen Farbe war noch ein Rest vorhanden. Achim baute sich vor dem Spiegel auf und malte zwei dicke Striche auf das Glas, genau dahin, wo sich seine Augenbrauen im Spiegel zeigten. Weiß besaß er reichlich. Er drückte eine Tube aus, fing die weiche, ölige Masse in seinen Händen auf, verteilte sie auf dem Spiegel über Kinn, Wangen und Nase und begann sie langsam und sorgfältig zu verstreichen. Dabei durfte er sich nicht bewegen, sonst verschob sich seine Malerei. Schwarz und Weiß sehen gut aus, dachte er, fehlt noch Blau. Achim grinste seinem Bild zu, holte sich das Blau aus dem Kasten und färbte noch die Spiegelstellen über Stirn und Augenlidern.

Eine Weile verharrte er vor dem bunten Gesicht, dann rückte er ein Stück zur Seite und wie ein Spuk tauchte sein farbloses Gesicht im Spiegel wieder auf, daneben eine aufgemalte Spiegelmaske.
Er trat einen Schritt zurück, holte mit dem Arm weit aus und ließ seine Faust in die Spiegelscheibe krachen. Glasteile fielen herunter, Splitter verletzten ihn, seine Hand fing an zu bluten. Warm rann ihm das Blut über den Arm und tröpfelte zu Boden.
Achim legte seinen Mund auf die Wunden und leckte das Blut ab. Dabei wurde sein Gesicht rot verschmiert. Der Spiegel war kaputt.
Achim suchte sein Zeug zusammen und kleidete sich an. Er wollte runtergehen und irgendwo seine Leute treffen.

Wichtig

Lies erst einmal die Aufgabenstellung in Ruhe durch. Du wirst schnell bemerken, dass die Struktur deines Aufsatzes durch die Fragen vorgegeben ist. Dadurch ergeben sich sowohl die Arbeitsweise als auch die Arbeitsschritte.

1. Nimm ein Blatt Papier und schreibe darauf die (insgesamt acht) Punkte der Aufgabenstellung, auf die du in deinem Aufsatz eingehen sollst. Lass zwischen den Punkten ausreichend Platz, damit du beim zweiten und dritten Durchlesen des Textes jeweils Notizen machen kannst.

Zunächst geht es darum, den Inhalt kurz wiederzugeben (= Aufgabe ①). In deiner anschließenden Analyse sollst du auf folgende Punkte eingehen:

② Achims Problem

③ Andere Personen

④ Bedeutung der anderen Personen für Achim

⑤ Handlungsorte

⑥ Bedeutung der Handlungsorte

⑦ Achims Situation und Verhalten

⑧ Eigene Stellungnahme

Wenn du dir diese Liste anschaust, stellst du fest, dass du an zwei Stellen zwei Punkte zu einem zusammenfassen kannst. Welche sind das? – Genau: Es sind einerseits die Punkte 3 und 4 (die anderen Personen und ihre Bedeutung für Achim), die du in einem Abschnitt behandeln kannst, andererseits die Punkte 5 und 6, wo es um die Handlungsorte und ihre Bedeutung geht. Diese Reduzierung ist sinnvoll, weil du dadurch im Aufsatz unnötige Wiederholungen vermeidest.

2. Ändere deinen Notizzettel entsprechend ab, sodass nur noch sechs Punkte bleiben.

Diese Punkte stehen nun auf deinem Zettel:

① Inhaltsangabe

② Achims Problem

③ Andere Personen und ihre Bedeutung für Achim

④ Handlungsorte und ihre Bedeutung

⑤ Achims Situation und Verhalten

⑥ Eigene Stellungnahme

Hast du genügend Platz für deine Notizen gelassen, die du während der zweiten und dritten Textlektüre machen willst?

3. Lies die Kurzgeschichte mindestens noch zweimal durch, markiere wichtige Textstellen und notiere, was du deiner Meinung nach zur Lösung der Aufgabenstellung brauchst. Überlege dabei, was das Oberthema des Textes ist.

Achim versteht sich nicht mit seinen Eltern. Diese werden nicht direkt genannt, sondern nur mit „sie“ umschrieben. Die wörtliche Rede zu Beginn des Textes („Du kannst nichts, du machst nichts, aus dir wird nichts“) und die Tatsache, dass Achim in seinem Zimmer ist, lassen darauf schließen, dass es in der Tat seine Eltern sind, die ihm die Vorwürfe machen. Thema des Textes ist also ein Generationskonflikt, wie er häufig zwischen Jugendlichen und ihren Eltern vorkommt. Du kannst daraus ableiten, dass Margret Steenfatts Text sich mit der Problematik der Pubertät beschäftigt. Das ist das eigentliche Thema des Textes. Sobald du das erkannt hast, wird dir der Inhalt gleich viel klarer.

Inhalt

Beginnen wir gleich mit dem Inhalt: Es ist Mittag. Achim ist in seinem Zimmer und hat sich im Bett verkrochen, während er Vorwürfe hört („Du kannst nichts, du machst nichts, aus dir wird nichts“). Danach wird die Zimmertür zugeschlagen. Achim schaltet Musik ein, verlässt das Bett und betrachtet sich lange im Spiegel. Sein Spiegelbild bemalt er mit farbiger Schminke. Als er fertig ist, zerschlägt er mit der Faust den Spiegel und verlässt dann sein Zimmer, um „seine Leute“ zu treffen.

4. Eine zentrale Stelle des Textes beschreibt, wie Achim sein „Spiegelbild“ malt. Ist es wirklich ein Bild – und welche Farben verwendet er dabei? Was bedeuten die Farben? Schreibe deine Ideen auf die Zeilen.

Mit Schminke kann man auf einer Spiegelfläche eigentlich nur schmieren, nicht malen. Achims „Spiegelbild“ ist kein wirkliches Bild, sondern eher eine Maske. Eine Maske ist immer etwas leblos und verzerrt. Die Farben, die Achim hauptsächlich verwendet, sind Weiß (= farblos, leer), Schwarz (= keine echte Farbe, sehr starker Kontrast) und Blau (= kalte Farbe).

Du hast es sicher bemerkt: Die Farbe Weiß ist als Motiv bereits am Anfang des Textes aufgetaucht. Achim starrt die Zimmerdecke an: „Weiß. Nichts. Ein unbeschriebenes Blatt Papier (…)“. Die weiße Farbe steht für die Leere, die Achim offensichtlich empfindet. Die Konturen, die er sich im Spiegel zu geben versucht, sind nur ein Zerrbild, eine leblose Maske, die er kurz nach der Fertigstellung mit der Faust zerschlägt.

Achims Problem

Das Spiegelbild aus Schminke führt uns direkt zu Achims Problem. Er fühlt eine Leere in sich, verstärkt durch die Vorwürfe seiner Eltern. Er ist orientierungslos und weiß nicht, was er tun soll. Durch das Spiegelbild versucht er, seinem Leben (jedoch mit unpassenden Farben) Konturen zu geben. Er scheitert und zerschlägt den Spiegel mit der Faust. Achims Probleme können in der Pubertät durchaus normal sein. Er weiß nicht, wie er sich gegenüber seinen Eltern und den Ansprüchen der Gesellschaft verhalten soll. Nur bei „seinen Leuten“ (= seinen Freunden) fühlt er sich sicher und verstanden. Sie sind so alt wie er und haben vermutlich ganz ähnliche Schwierigkeiten.

Andere Personen und ihre Bedeutung für Achim

Die anderen Personen, die im Text erwähnt werden, sind seine Eltern, die mit „sie“ (Z. 1) bezeichnet werden, und Achims Freunde (= „seine Leute“, Z. 50). Die Eltern machen Achim Vorwürfe und stellen dadurch Forderungen an ihn, die er offensichtlich nicht erfüllen kann oder will. Er fühlt sich überfordert und der Kritik der Eltern hilflos ausgeliefert. Sie sind mit Achims Lebenseinstellung nicht einverstanden und kritisieren ihn deshalb.
Achim fühlt sich ausschließlich bei „seinen Leuten“ wohl. Bei ihnen darf er so sein, wie er ist. Er muss sich nicht anpassen. Er fühlt sich von ihnen verstanden, was er bei seinen Eltern vermisst. Hier erhält er seine Orientierung, die die Eltern nicht als die ihre akzeptieren.

Handlungsorte und ihre Bedeutung

Achim hält sich in seinem Zimmer auf. Das ist der Ort, an dem er sich wohl und sicher fühlt. Zu Beginn des Textes hat er sich in seinem Bett „vergraben" (Z.4), um sich mit Decken und Kissen vor der Außenwelt und den Vorwürfen der Eltern zu schützen. Achim verlässt am Ende zwar sein Zimmer, aber nur, um sich „irgendwo" (Z. 50) mit seinen Freunden zu treffen.
Die weiße Zimmerdecke, gegen die Achim starrt (vgl. Z. 7), spiegelt seinen Seelenzustand wider. Da ist nichts, nur eine weiße, leere Fläche. Der Spiegel, in dem er sich betrachtet, zeigt mit seinem Gesicht die gleiche Leere wie die Zimmerdecke. Das Leben findet draußen vor dem Fenster statt, doch das reizt Achim nicht, denn es ist „immer dasselbe" (Z. 19).
Achim wechselt zum Ort „irgendwo" (vgl. Z. 50), der vage bleibt und kein klares Ziel angibt. Doch an diesem Ort fühlt er sich wohl, denn dort trifft er auf Gleichgesinnte, die ihn verstehen und denen es ähnlich geht wie ihm selbst.

Achims Situation und Verhalten

5. Was kannst du nun – nach allem, was du bislang über den Text kennst – zu Achims Situation und Verhalten notieren? Schreibe deine Ideen auf die Zeilen.

Achims Situation und Verhalten sind für einen Jugendlichen in der Pubertät durchaus normal. Einerseits möchte Achim dem Elternwillen gerecht werden, sich anpassen und das tun, was von ihm erwartet wird. Andererseits rebelliert alles in ihm: Er sträubt sich gegen die Anpassung, hat aber keinen Plan für eine echte Lösung. Er hat seinen Lebensweg noch nicht gefunden und weiß nicht, wie er sich verhalten soll. Deshalb flüchtet er vor den Eltern, die symbolisch für Vorwürfe gegenüber seiner Person stehen, irgendwohin zu seinen Freunden, die seine Probleme zwar nicht lösen, aber verstehen können.

Eigene Stellungnahme

Nachdem du alle bisherigen Punkte der Aufgabenstellung analysiert und entsprechende Notizen auf einem Zettel gemacht hast, musst du nun gut darüber nachdenken, was am überzeugendsten für deine eigene Stellungnahme ist. Wichtig ist vor allem, dass du deine Meinung gut und nachvollziehbar begründest.

6. Worauf könntest du am Ende des Aufsatzes in einer Stellungnahme zum Text näher eingehen? Ein Tipp: Denke unter dem Stichwort „Generationskonflikt" an deine eigenen Erfahrungen und biete Lösungsmöglichkeiten an. Schreibe deine Ideen auf die Zeilen.

Du hast an der einen oder anderen Textstelle bestimmt Parallelen zwischen Achim und dir selbst erkannt. In deiner Stellungnahme kannst du somit eigene Erfahrungen einbringen und – eingehend auf den Text – Möglichkeiten vorschlagen, die die Situation von Achim und seinen Eltern verbessern würden.

Achim befindet sich in einer Krisensituation. Er versteht sich nicht mit seinen Eltern, weiß aber auch mit sich selbst nichts Sinnvolles anzufangen. Er ist auf der Suche nach Orientierungspunkten im Leben. Eltern und Gesellschaft stellen Anforderungen an ihn, die er nicht erfüllen kann oder will. Der Text zeigt es deutlich: Achim braucht Hilfe, um die Krise zu meistern. Das Zerschlagen des Spiegels ist ein Hilferuf an seine Eltern und an die Gesellschaft. Es wäre für Achims Eltern wichtig, diesen Hilferuf als Gesprächsanlass zu nehmen. Sie könnten mit ihm reden und ihm den Rücken stärken, indem sie ihn tatkräftig dabei unterstützen, seine Persönlichkeit zu entwikkeln. Auf der anderen Seite muss Achim die Hilfe annehmen wollen. Es hilft ihm nicht weiter, einfach immer nur wegzulaufen und sich vor den eigenen Problemen zu verstecken. Die Freunde verstehen ihn zwar, doch sie haben – weil sie in ähnlichen Schwierigkeiten stecken – nicht unbedingt die passenden Lösungen. Alle Beteiligten brauchen einen festen Willen und viel Geduld, um den tiefen Konflikt, der auch ein Generationsproblem ist, dauerhaft zu überwinden.

Wichtig

Bevor du beginnst, den Aufsatz auszuformulieren, solltest du noch einmal überprüfen, ob deine Notizen eine logische und sinnvolle Reihenfolge ergeben. Die Gliederung ist durch die Aufgabenstellung zwar bereits vorgegeben, doch innerhalb der Unterpunkte sind die einzelnen Argumente unterschiedlich zu gewichten.

Der Schlüssel des Textes „Im Spiegel" ist das Problem der Pubertät. Deine Interpretation orientiert sich an den Leitfragen. Bei der abschließenden Stellungnahme musst du überlegen, in welcher Reihenfolge du deine Gedanken darlegst. Zähle dabei nicht einfach nur Punkte auf, die du vorher im Aufsatz schon erwähnt hast. Setze einen oder zwei Schwerpunkte und biete vor allem Lösungsmöglichkeiten für den Generationskonflikt an.

Das Schreiben des Aufsatzes

Ein guter Aufsatz beginnt immer mit einer passenden Einleitung. Sie sollte etwa zwei bis drei Sätze lang sein und folgende Punkte enthalten:

- Titel des Textes, Textsorte und Entstehungszeit des Textes (falls bekannt)
- Name des Autors/der Autorin
- Thema des Textes
- Hinweis zum Inhalt des Textes, um den Leser deines Aufsatzes neugierig zu machen

Durch die mehrmalige Lektüre des Textes und mit Hilfe deiner Notizen zu den Leitfragen (siehe Aufgabenstellung Seite 16) hast du einen guten Überblick gewonnen und kannst die Einleitung ohne Problem formulieren.

7. Probiere es aus: Schreibe eine passende Einleitung für eine Interpretation des Textes „Im Spiegel“ auf die Zeilen.

Deine Lösung könnte so aussehen:

In der modernen Kurzgeschichte „Im Spiegel" von Margret Steenfatt geht es um Probleme eines Jungen namens Achim, der sich in der Pubertät befindet. Er ist auf der Suche nach sich selbst und stößt dabei immer wieder auf Hindernisse, die sich vor allem im Konflikt mit seinen Eltern zeigen. Einleitung

Wenn du die Stichworte auf deinem Notizzettel geprüft und gegliedert sowie die Einleitung fertig hast, dann kannst du jetzt damit beginnen, den Interpretationsaufsatz zum Text „Im Spiegel“ auszuformulieren. Denke dabei immer an die Aufgabenstellung (siehe Seite 16) und an die Einteilung des Aufsatzes in die Abschnitte Einleitung – Hauptteil – Schluss. Die Einleitung hast du schon; der Schlussteil wird die geforderte persönliche Stellungnahme umfassen.

Versuche zunächst selbst, einen kompletten Aufsatz zu schreiben. Vergleiche anschließend deinen Vorschlag mit dem folgenden Aufsatzbeispiel.

Aufsatzbeispiel

Einleitung

In der modernen Kurzgeschichte „Im Spiegel" von Margret Steenfatt geht es um Probleme eines Jungen namens Achim, der sich in der Pubertät befindet. Er ist auf der Suche nach sich selbst und stößt dabei immer wieder auf Hindernisse, die sich vor allem im Konflikt mit seinen Eltern zeigen.

Hauptteil/Inhalt

Es ist früher Nachmittag. Achim liegt in seinem Bett. Er hat sich dorthin verkrochen, während seine Eltern ihm Vorwürfe machen, dass er nichts könne, nichts mache und dass aus ihm nichts werde. Nachdem die Tür mit lautem Knall zugeschlagen wurde, schiebt Achim sich halb aus dem Bett, starrt gegen die Decke und fängt an, über sich und sein Leben nachzudenken. Schließlich steht er auf und bewegt sich auf den großen Spiegel in seinem Zimmer zu. Er betrachtet sich lange, bevor er aus einer Kiste unter dem Bett Schminketuben hervorholt und sein Spiegelbild mit verschiedenen Farben auf das Glas malt. Als er fertig ist, betrachtet er das Ergebnis einige Zeit. Zum Schluss zerschlägt er mit einem Fausthieb den Spiegel. Danach zieht er sich um und verlässt die Wohnung, um seine Freunde zu treffen.

Interpretation

Der Text beginnt mit einer wörtlichen Rede, der einzigen im gesamten Text: „‚Du kannst nichts', sagten sie, ‚du machst nichts, aus dir wird nichts'". Mit „sie" sind Achims Eltern gemeint, die ihm Vorwürfe machen, weil er offensichtlich nicht ihren Vorstellungen entspricht. Dieser Anfang weist bereits auf das Thema des Textes hin. Es geht um einen Jugendlichen in der Pubertät, der in Konflikt mit der Welt der Erwachsenen (symbolisiert durch seine Eltern) ist. Achim sucht nach Orientierung, nach einem Sinn im Leben und vor allem nach sich selbst. Die Suche nach dem eigenen Ich kommt im Bemalen seines Spiegelbilds zum Ausdruck. Er verwendet dabei Schminke, was keine sehr deutliche Zeichnung zulässt. Die Farben sind Weiß (farblos und leer wie die weiße Zimmerdecke, auf die Achim anfänglich starrt; siehe Zeile 7ff.), die Antifarbe Schwarz sowie Blau, das zu den kalten Farben gehört. Die Farben spiegeln Achims Seelenzustand wider: Er fühlt sich leer und kalt. Wenn er am Ende den Spiegel zerschlägt, so ist das Ausdruck der Wut über die Erwachsenen und der Unzufriedenheit mit sich selbst. Sein Versuch, sich und seinem Leben sinnvolle Konturen zu geben, scheitert.

Achims Eltern (im Text nur mit „sie" bezeichnet, vgl. Z. 1) machen ihm Vorwürfe (vgl. Z. 1f.) wegen seiner Einstellung zum Leben und stellen Forderungen an ihn, die er nicht erfüllen kann oder will. Achim ist dabei hilflos und findet keine Lösung für die Krise. Nur bei „seinen Leuten" (Z. 50), seinen Freunden, fühlt er sich akzeptiert und verstanden. Es sind Gleichgesinnte, die ähnliche Probleme haben wie er selbst. In ihrem Kreis ist er so sicher wie in seinem Zimmer, wo er sich vor der Außenwelt abschirmen kann. Am liebsten vergräbt er sich in seinem Bett unter „Decken und Kissen" (Z. 4), um sich zu verstecken. Bett und Zimmer verlässt Achim nur zum Treffen mit seinen Freunden „irgendwo" (Z. 50). Das Wort „irgendwo" ist sehr vage und steht nicht für ein klares Ziel. Auch dadurch wird die Orientierungslosigkeit Achims deutlich. Achim sieht beim Blick durch sein Zimmerfenster zwar das Leben, das sich draußen abspielt, doch es reizt ihn nicht, daran teilzunehmen, denn es ist „immer dasselbe" (Z. 19).

Stellungnahme

Ich bin der Meinung, dass Achim sich in einer Krisensituation befindet, die jeder Jugendliche während der Pubertät durchmacht. Er versteht sich nicht mit seinen Eltern, weiß aber auch mit sich selbst nichts Sinnvolles anzufangen. Er ist auf der Suche nach Orientierungspunkten im Leben. Der Text zeigt es deutlich: Achim braucht Hilfe, um die Krise zu meistern. Das Zerschlagen des Spiegels ist ein Hilferuf an seine Eltern und an die Gesellschaft. Es wäre für Achims Eltern wichtig, diesen Hilferuf als Gesprächsanlass zu nehmen. Sie könnten mit ihm reden und ihm den Rücken stärken, indem sie ihn tatkräftig dabei unterstützen, seine Persönlichkeit zu entwickeln. Auf der anderen Seite muss Achim die Hilfe annehmen wollen. Es hilft ihm nicht weiter, einfach immer nur wegzulaufen und sich vor den eigenen Problemen zu verstecken. Die Freunde verstehen ihn zwar, doch sie haben – weil sie in ähnlichen Schwierigkeiten stecken – nicht unbedingt die passenden Lösungen. Alle Beteiligten brauchen einen festen Willen und viel Geduld, um den tiefen Konflikt, der auch ein Generationsproblem ist, dauerhaft zu überwinden.

2 Max von der Grün: *Masken*
Interpretation

Interpretiere die zeitgenössische Kurzgeschichte „Masken“ von Max von der Grün. Fasse zunächst den Inhalt kurz zusammen; betrachte dann den Ort der Handlung und analysiere die beiden Hauptfiguren Erich und Renate. Beziehe die Überschrift des Textes in deine Überlegungen mit ein.

Schreibe einen zusammenhängenden Aufsatz und begründe deine Meinung anhand von Zitaten aus dem Text.

Sie fielen sich unsanft auf dem Bahnsteig 3a des Kölner Hauptbahnhofs in die Arme und riefen gleichzeitig: „Du?!" Es war ein heißer Julivormittag, und Renate wollte in den D-Zug nach Amsterdam über Aachen. Erich verließ diesen Zug, der von Hamburg kam. Menschen drängten aus den Wagen auf den Bahnsteig, Menschen vom Bahnsteig in die Wagen, die beiden aber standen in dem Gewühl, spürten weder Püffe noch Rempeleien und hörten auch nicht, dass Vorübergehende sich beschwerten, weil sie ausgerechnet vor den Treppen standen und viele dadurch gezwungen wurden, um sie herumzugehen. Sie hörten auch nicht, dass der Zug nach Aachen abfahrbereit war, und es störte Renate nicht, dass er wenige Sekunden später aus der Halle fuhr.

Die beiden standen stumm, jeder forschte im Gesicht des anderen. Endlich nahm der Mann die Frau am Arm und führte sie die Treppen hinunter, durch die Sperre, und in einem Café in der Nähe des Doms tranken sie Tee.

„Nun erzähle, Renate. Wie geht es dir? Mein Gott, als ich dich so plötzlich sah … du … ich war richtig erschrocken. Es ist so lange her, aber als du auf dem Bahnsteig fast auf mich gefallen bist …"

„Nein“, lachte sie, „du auf mich.“

„Da war es mir, als hätte ich dich gestern zum letzten Male gesehen, so nah warst du mir. Und dabei ist es so lange her …“

„Ja“, sagte sie. „Fünfzehn Jahre.“

„Fünfzehn Jahre? Wie du das so genau weißt. Fünfzehn Jahre, das ist ja eine Ewigkeit. Erzähle, was machst du jetzt? Bist du verheiratet? Hast du Kinder? Wo fährst du hin?“ …

„Langsam, Erich, langsam, du bist noch genauso ungeduldig wie vor fünfzehn Jahren. Nein, verheiratet bin ich nicht, die Arbeit, weißt du. Wenn man es zu etwas bringen will, weißt du, da hat man eben keine Zeit für Männer.“

„Und was ist das für Arbeit, die dich von den Männern fernhält?“

Er lachte sie an, sie aber sah aus dem Fenster auf die Tauben. „Ich bin jetzt Leiterin eines Textilversandhauses hier in Köln, du kannst dir denken, dass man da von morgens bis abends zu tun hat und …“

„Donnerwetter!“ rief er und klopfte mehrmals mit der flachen Hand auf den Tisch. „Donnerwetter! Ich gratuliere.“

„Ach“, sagte sie und sah ihn an. Sie war rot geworden.

„Du hast es ja weit gebracht, Donnerwetter, alle Achtung. Und jetzt? Fährst du in Urlaub?“

„Ja, vier Wochen nach Holland. Ich habe es nötig, bin ganz durchgedreht. Und du, Erich, was machst du? Erzähle. Du siehst gesund aus.“

Schade, dachte er, wenn sie nicht so eine Bombenstellung hätte, ich würde sie jetzt fragen, ob sie mich noch haben will. Aber so? Nein, das geht nicht, sie würde mich auslachen, wie damals.

„Ich?“, sagte er gedehnt und brannte sich eine neue Zigarette an. „Ich … ich … Ach weißt du, ich habe ein bisschen Glück gehabt. Habe hier in Köln zu tun. Habe umgesattelt, bin seit vier Jahren

Einkaufsleiter einer Hamburger Werft, na ja, so was Besonderes ist das nun wieder auch nicht."

„Oh", sagte sie und sah ihn starr an, und ihr Blick streifte seine großen Hände, aber sie fand keinen Ring. Sie erinnerte sich, dass sie vor fünfzehn Jahren nach einem kleinen Streit auseinandergelaufen waren, ohne sich bis heute wiederzusehen. Er hatte ihr damals nicht genügt, der schmalverdienende und immer ölverschmierte Schlosser. Er sollte es erst zu etwas bringen, hatte sie ihm damals nachgerufen, vielleicht könne man später wieder darüber sprechen. So gedankenlos jung waren sie damals. Ach ja, die Worte waren im Streit gefallen und trotzdem nicht böse gemeint. Beide aber fanden danach keine Brücke mehr zueinander. Sie wollten und wollten doch nicht. Und nun? Nun hatte er es zu etwas gebracht.

„Dann haben wir ja beide Glück gehabt", sagte sie und dachte, dass er immer noch gut aussieht. Gewiss, er war älter geworden, aber das steht ihm gut. Schade, wenn er nicht so eine Bombenstellung hätte, ich würde ihn fragen, ja, ich ihn, ob er noch an den dummen Streit von damals denkt und ob er mich noch haben will. Ja, ich würde ihn fragen. Aber jetzt?

„Jetzt habe ich dir einen halben Tag deines Urlaubs gestohlen", sagte er und wagte nicht, sie anzusehen.

„Aber Erich, das ist doch nicht so wichtig, ich fahre mit dem Zug um fünfzehn Uhr. Aber ich, ich halte dich bestimmt auf, du hast gewiss einen Termin hier."

„Mach dir keine Sorgen, ich werde vom Hotel abgeholt. Weißt du, meinen Wagen lasse ich immer zu Hause, wenn ich längere Strecken fahren muss. Bei dem Verkehr heute, da kommt man nur durchgedreht an."

„Ja", sagte sie. „Ganz recht, das mache ich auch immer so." Sie sah ihm nun direkt ins Gesicht und fragte: „Du bist nicht verheiratet? Oder lässt du Frau und Ring zu Hause?" Sie lachte etwas zu laut für dieses vornehme Lokal.

„Weißt du", antwortete er, „das hat seine Schwierigkeiten. Die ich haben will, sind nicht zu haben oder nicht mehr, und die mich haben wollen, sind nicht der Rede wert. Zeit müsste man eben haben. Zum Suchen, meine ich. Zeit müsste man haben." Jetzt müsste ich ihr sagen, dass ich sie noch immer liebe, dass es nie eine andere Frau für mich gegeben hat, dass ich sie all die Jahre nicht vergessen konnte. Wie viel? Fünfzehn Jahre? Eine lange Zeit. Mein Gott, welch eine lange Zeit. Und jetzt? Ich kann sie doch nicht mehr fragen, vorbei, jetzt, wo sie so eine Stellung hat. Nun ist es zu spät, sie würde mich auslachen, ich kenne ihr Lachen, ich habe es im Ohr gehabt, all die Jahre. Fünfzehn? Kaum zu glauben.

„Wem sagst du das?" Sie lächelte. „Entweder die Arbeit oder das andere", echote er.

Jetzt müsste ich ihm eigentlich sagen, dass er der einzige Mann ist, dem ich blind folgen würde, wenn er mich darum bäte, dass ich jeden Mann, der mir begegnete, sofort mit ihm verglich.

Ich sollte ihm das sagen. Aber jetzt? Jetzt hat er eine Bombenstellung, und er würde mich nur auslachen, nicht laut, er würde sagen, dass … ach … es ist alles so sinnlos geworden.

Sie aßen in demselben Lokal zu Mittag und tranken anschließend jeder zwei Kognaks. Sie erzählten sich Geschichten aus ihren Kindertagen und später aus ihren Schultagen. Dann sprachen sie über ihr Berufsleben, und sie bekamen Respekt voreinander, als sie erfuhren, wie schwer es der andere gehabt hatte bei seinem Aufstieg.

„Jaja", sagte sie; „genau wie bei mir", sagte er.

„Aber jetzt haben wir es geschafft", sagte er laut und rauchte hastig.

„Ja", nickte sie. „Jetzt haben wir es geschafft." Hastig trank sie ihr Glas leer.

Sie hat schon ein paar Krähenfüßchen, dachte er. Aber die stehen ihr nicht einmal schlecht.

Noch einmal bestellte er zwei Schalen Kognak, und sie lachten viel und laut.

Er kann immer noch so herrlich lachen, genau wie früher, als er alle Menschen einfing mit seiner ansteckenden Heiterkeit. Um seinen Mund sind zwei steile Falten, trotzdem sieht er wie ein Junge aus, er wird immer wie ein Junge aussehen, und die zwei steilen Falten stehen ihm nicht einmal schlecht. Vielleicht ist er jetzt ein richtiger Mann, aber nein, er wird immer ein Junge bleiben.

Kurz vor drei brachte er sie zum Bahnhof.

„Ich brauche den Amsterdamer Zug nicht zu nehmen", sagte sie. „Ich fahre bis Aachen und steige dort um. Ich wollte sowieso schon lange einmal das Rathaus besichtigen."

Wieder standen sie auf dem Bahnsteig und sahen aneinander vorbei. Mit leeren Worten versuchten sie die Augen des anderen einzufangen, und wenn sich dann doch ihre Blicke trafen, erschraken sie und musterten die Bögen der Halle.

Wenn ich jetzt ein Wort sagen würde, dachte er, dann …

„Ich muss jetzt einsteigen", sagte sie. „Es war schön, dich wieder einmal zu sehen. Und dann so unverhofft …"

Ja, das war es. Er half ihr beim Einsteigen und fragte nach ihrem Gepäck.

„Als Reisegepäck aufgegeben."

„Natürlich, das ist bequemer", sagte er.

Wenn er jetzt ein Wort sagen würde, dachte sie, ich stiege sofort wieder aus, sofort. Sie reichte ihm aus einem Abteil erster Klasse die Hand. „Auf Wiedersehen, Erich … und weiterhin … viel Glück." Wie schön sie immer noch ist. Warum nur sagt sie kein Wort?

„Danke, Renate. Hoffentlich hast du schönes Wetter."

„Ach, das ist nicht so wichtig. Hauptsache ist das Faulenzen, das kann man auch bei Regen."

Der Zug ruckte an. Sie winkten nicht, sie sahen sich nur in die Augen, solange dies möglich war.

Als der Zug aus der Halle gefahren war, ging Renate in einen Wagen zweiter Klasse und setzte sich dort an ein Fenster. Sie weinte hinter einer ausgebreiteten Illustrierten.

Wie dumm von mir, ich hätte ihm sagen sollen, dass ich immer noch die kleine Verkäuferin bin. Ja, in einem anderen Laden, mit zweihundert Mark mehr als früher, aber ich verkaufe immer noch Herrenoberhemden, wie früher, und Socken und Unterwäsche. Alles für den Herrn. Ich hätte ihm das sagen sollen. Aber dann hätte er mich ausgelacht, jetzt, wo er ein Herr geworden ist. Nein, das ging doch nicht. Aber ich hätte wenigstens nach seiner Adresse fragen sollen. Wie dumm von mir, ich war aufgeregt wie ein kleines Mädchen, und ich habe gelogen, wie ein kleines Mädchen, das imponieren will. Wie dumm von mir.

Erich verließ den Bahnhof und fuhr mit der Straßenbahn nach Ostheim auf eine Großbaustelle.

Dort meldete er sich beim Bauführer.

„Ich bin der neue Kranführer."

„Na, sind Sie endlich da? Mensch, wir haben schon gestern auf Sie gewartet. Also dann, der Polier zeigt Ihnen Ihre Bude, dort drüben in den Baracken. Komfortabel ist es nicht, aber warmes Wasser haben wir trotzdem. Also dann, morgen früh, pünktlich sieben Uhr."

Ein Schnellzug fuhr Richtung Deutz. Ob der auch nach Aachen fährt? Ich hätte ihr sagen sollen, dass ich jetzt Kranführer bin. Ach, Blödsinn, sie hätte mich nur ausgelacht, sie kann so verletzend lachen. Nein, das ging nicht, jetzt, wo sie eine Dame geworden ist und eine Bombenstellung hat.

Wichtig

Lies die Aufgabenstellung in Ruhe durch. Die Struktur deines Aufsatzes ist durch die zu analysierenden Punkte genau vorgegeben. Außerdem erfährst du, dass du einen zusammenhängenden Aufsatz schreiben und als Belege für deine Meinung Zitate aus dem Text heranziehen sollst. Du musst jede Feststellung anhand des Textes beweisen. Das ist eine der wichtigsten Regeln zur Interpretation überhaupt.

8. Lies die Aufgabenstellung durch und schreibe auf die Zeilen, was du herausarbeiten sollst.

Der Hauptteil deines Interpretationsaufsatzes zum Text „Masken“ von Max von der Grün muss folgende Punkte enthalten:

① Kurze Zusammenfassung des Inhalts

② Analyse des Handlungsorts

③ Analyse der Hauptpersonen Erich und Renate

④ Analyse des Zusammenhangs zwischen Text und Überschrift

Wenn du die Überschrift berücksichtigst, erkennst du, dass es vor allem darum gehen muss, herauszubekommen, warum die Hauptpersonen Erich und Renate sich hinter (unsichtbaren) Masken verstecken.

Wichtig

So erkennst du den Kern dieser Geschichte: Gehe immer von der Überschrift aus und frage dich, in welchem Zusammenhang die Überschrift mit dem Text steht – ob/warum sie zum Text passt. Häufig lohnt es sich, ein zweites Mal zu überlegen, wenn du beim ersten Versuch den Zusammenhang noch nicht eindeutig gesehen hast.

Nimm ein Blatt Papier und notiere darauf die Punkte, die du bei der Analyse berücksichtigen sollst. Lass dabei genügend Raum für Notizen, die du während der zweiten und dritten Textlektüre machen willst.

Die Punkte auf deinem Notizzettel sollten so aussehen:

Lies nun den Text mindestens noch zweimal durch. Markiere dabei wichtige Stellen und mach dir zu den Fragen Notizen auf deinem Zettel.

Inhalt

Die erste Aufgabe besteht darin, den Textinhalt kurz zusammenzufassen. Das Wort *kurz* ist ganz bewusst gewählt, denn die äußere Handlung ist nicht umfangreich. Entscheidender sind die innere Handlung und die Dialoge von Erich und Renate. Die Hauptpersonen sollst du jedoch in einem eigenen Punkt analysieren, sodass du hierzu bei der Zusammenfassung des Inhalts nicht zu viel verraten darfst, um Wiederholungen zu vermeiden.

9. Fasse den Inhalt des Textes „Masken" kurz zusammen. Schreibe deine Lösung auf die Zeilen.

So könnte deine Inhaltsangabe aussehen:

Zusammenfassung des Inhalts

Renate und Erich treffen sich erstmals seit fünfzehn Jahren zufällig im Kölner Hauptbahnhof wieder. Sie gehen in ein Café, wo sie sich über alte Zeiten und ihre derzeitige Lebenssituation unterhalten. Ihr Leben hat sich kaum geändert, aber sowohl Renate als auch Erich geben vor, beruflich Karriere gemacht zu haben. Sie haben Angst, vom anderen nicht akzeptiert zu werden, wenn sie zugeben würden, wer und was sie wirklich sind. Schließlich gehen sie wieder auseinander: Renate steigt in den Zug nach Aachen, Erich nimmt die Straßenbahn nach Ostheim.

Ort der Handlung

Hauptort der Handlung ist der Bahnhof in Köln, wo die Hauptpersonen sich treffen und wieder trennen. Das Gespräch zwischen Erich und Renate findet zwar in einem Café statt, doch hierbei ist weniger der Ort, sondern das Verhalten der zwei Personen (was sie denken und sagen) für die Analyse wichtig.

10. Ein Bahnhof ist eigentlich kein außergewöhnlicher, sondern ein ganz alltäglicher Ort. Im Zusammenhang mit dem Text hat er jedoch symbolische Bedeutung. Inwiefern stimmt diese Behauptung? Schreibe deine Ideen auf die Zeilen.

Bahnhöfe sind Orte, wo man ankommt oder abfährt. Sie sind aber auch Durchgangsstationen, um von A nach B zu gelangen. Das zufällige Treffen von Renate und Erich ist gewissermaßen nur eine Durchgangsstation in ihrem Leben. Im Text trifft ferner zu, dass der Bahnhof ein Ort des Wiedersehens und der Trennung ist. Man sieht sich wieder und verabschiedet sich voneinander.

An einem Bahnhof gibt es viele Menschen. Der Einzelne ist nur ein Punkt in der Masse, aus der er kurz auftaucht – wie beide Hauptfiguren vorübergehend im Leben des jeweiligen Gegenübers –, um kurz darauf erneut darin zu verschwinden.

Hauptfiguren der Handlung

Aus dem Textzusammenhang wird dem Leser klar, dass Renate und Erich früher eng miteinander befreundet waren. Erich war damals ein einfacher Schlosser mit wenig Geld, woran die Beziehung zu Renate schließlich scheiterte: „Er sollte es erst zu etwas bringen, hatte sie ihm damals nachgerufen, vielleicht könne man später wieder darüber [= über Heirat] sprechen" (Z. 56f.). Danach ging jeder seinen eigenen Weg. Fünfzehn Jahre danach treffen sich beide erstmals wieder und vermitteln im Gespräch dem Gegenüber bewusst ein Scheinbild ihrer derzeitigen beruflichen Situation, welches von der Realität erheblich abweicht. Renate gibt vor, Leiterin eines Textilversandhauses in Köln zu sein, ist aber nach wie vor Verkäuferin und verdient nur geringfügig mehr als damals. Erich behauptet, Einkaufsleiter einer Hamburger Werft zu sein, war aber in letzter Zeit offensichtlich arbeitslos, denn er tritt erst am folgenden Tag eine Stelle als Kranführer in Ostheim an.

Ein Versteckspiel treiben beide auch im Bezug auf ihre Gefühle. Renate und Erich sind in den letzten fünfzehn Jahren unverheiratet geblieben. Sie schieben dies auf ihre angebliche Karriere, die ihnen keine Zeit für Privatleben gelassen hätte. Dem Leser wird durch die Mitteilungen des Erzählers klar, dass sie sich eigentlich noch immer lieben und der inzwischen verlorenen Zeit nachtrauern. Dennoch haben sie nicht den Mut, ihre Gefühle dem Gegenüber mitzuteilen. So werden sie zum Opfer ihres eigenen Versteckspiels, denn die Offenheit fehlt beiden aufgrund der Tatsache, dass sie sich gegenseitig durch das beruflich angeblich Erreichte beeindrucken, ja fast schon einschüchtern. Das eigentliche Ich wird von innerer Unsicherheit beherrscht, die sie hinter der Maske bewusster Täuschung verbergen.

Renate und Erich können sich erst am Ende in die Augen schauen (vgl. Z. 143f.) – doch zu diesem Zeitpunkt ist es schon zu spät: Der Zug ist im wahrsten Sinn des Wortes abgefahren. Sie haben die seltene Gelegenheit verpasst, ihre wahren Gefühle füreinander mitzuteilen und das unverhoffte Wiedersehen für eine gemeinsame, glücklichere Zukunft zu nutzen.

Überschrift der Kurzgeschichte

Im Rahmen der Analyse der Hauptfiguren hast du bereits erkannt, dass Renate und Erich ein Versteckspiel treiben. Sie verbergen ihr wahres Ich und ihre Gefühle hinter Masken. Dieses Wort wird im ganzen Text nur einmal verwendet, und zwar in der Überschrift. Es ist daher von zentraler Bedeutung für die Aussage des Ganzen.

11. Womit verbindest du gedanklich das Wort „Masken“ – und wie ist dieser Begriff im Zusammenhang mit dem Inhalt des Textes deiner Meinung nach zu verstehen? Schreibe auf die Zeilen.

Masken kennst du aus dem Bereich des Theaters oder vom Karneval. Man setzt sie auf, um sein wahres Gesicht dahinter zu verbergen, als Schutz, um nicht erkannt zu werden. Eine Maske schafft Anonymität, die Person bleibt ohne Gesicht, ohne Individualität.

Im Text von Max von der Grün wird das Wort Masken im übertragenen Sinn verwendet, weil Renate und Erich sich eine andere Persönlichkeit geben und etwas darstellen, was sie nicht sind. Sie verhalten sich wie Schauspieler, die eine Rolle übernehmen. Sie kommt in den Dialogen der Figuren zum Ausdruck (= äußere Ebene). Durch die Mitteilungen des Erzählers, der die Gedanken der Figuren (= innere Ebene) wiedergibt, erfährt der Leser jedoch sehr deutlich, was hinter den Masken steckt: Zwei unsichere Menschen, die Gefühle füreinander, aber gleichzeitig Angst haben, sie zu zeigen. Es ist die Angst vor der Reaktion des Gegenübers, Angst davor, vom anderen ausgelacht zu werden, weil man es trotz der langen Zeit (fünfzehn Jahre) nicht geschafft hat, beruflich und privat erfolgreich zu sein. Sie wollen sich gegenseitig beeindrucken. So erfinden beide mit den Worten „Jetzt haben wir es geschafft (vgl. Z. 107 und 109) ihre Biografie des Erfolgs; nur der Leser weiß am Schluss, dass Renate und Erich durch die verhüllenden Masken aneinander scheitern.

Wichtig

Bevor du beginnst, den Aufsatz auszuformulieren, solltest du noch einmal überprüfen, ob deine Notizen eine logische und sinnvolle Reihenfolge ergeben. Die Gliederung ist durch die Aufgabenstellung zwar bereits vorgegeben, doch musst du in diesem Fall auch immer die Überschrift „Masken“ in deine Überlegungen einbeziehen. Dies kann zunächst dadurch geschehen, dass du Ort und Personen analysierst und dabei Elemente des Maskenspiels erwähnst, bevor du in einem eigenen Punkt auf das Wort „Masken“ näher eingehst und dabei bis dahin erzielte Interpretationsergebnisse verdeutlichst.

Beachte vor allem, dass „Masken“ bei diesem Text im übertragenen Sinn zu verstehen ist. Für den abrundenden Schlussteil deines Aufsatzes bietet es sich an, das Thema „Maskerade im Alltag“ anzusprechen und somit den Kern des Ganzen über den Text hinaus auf reale gesellschaftliche Beispiele zu übertragen.

Das Schreiben des Aufsatzes

Du weißt ja: Ein guter Aufsatz beginnt immer mit einer passenden Einleitung. Sie sollte etwa zwei bis drei Sätze lang sein und folgende Punkte enthalten:

- Titel des Textes, Textsorte und Entstehungszeit des Textes (falls bekannt)
- Name des Autors/der Autorin
- Thema des Textes
- Hinweis zum Inhalt des Textes, um den Leser deines Aufsatzes neugierig zu machen

Nachdem du in einer Aufgabe zum Text „Im Spiegel“ eine Einleitung erarbeitet hast (siehe Seite 25), sammeln wir nun Gedanken für den Schlussteil eines Interpretationsaufsatzes zu „Masken“ von Max von der Grün. Die Aufgabenstellung verlangt zwar keine persönliche Stellungnahme von dir, doch das Thema der Maske ist gut geeignet, um die Kernaussage (Versteckspiel, sich hinter Masken verbergen) auf Situationen im Alltag zu übertragen. Damit rundest du deinen Aufsatz ab.

12. Welche Situationen fallen dir ein, bei denen Menschen – im übertragenen Sinn – eine Maske tragen? Denke an gesellschaftliche Ereignisse, eigene Erlebnisse oder Motive, die du beispielsweise aus Filmen kennst. Schreibe deine Ideen auf die Zeilen.

Sicher ist dir eine ganze Menge eingefallen. Überlege gut, welche Ideen davon für den Schlussteil deines Aufsatzes verwendbar sind: Sie sollten gut zum Thema des Textes passen, damit du dem Leser einen runden Schluss präsentierst.

Wenn du die Stichworte auf deinem Notizzettel geprüft und gegliedert hast, dann kannst du jetzt damit beginnen, den Interpretationsaufsatz zum Text „Masken" auszuformulieren. Denke dabei immer an die Aufgabenstellung (siehe Seite 28) und an die Einteilung des Aufsatzes in die Abschnitte Einleitung – Hauptteil – Schluss.

Versuche zunächst selbst, einen kompletten Aufsatz zu schreiben. Vergleiche anschließend deinen Vorschlag mit dem folgenden Aufsatzbeispiel.

Aufsatzbeispiel

Einleitung

In der modernen Kurzgeschichte „Masken" von Max von der Grün geht es um zwei früher miteinander befreundete Menschen, die sich nach langen Jahren zufällig treffen und wieder trennen. Trotz ehrlicher Freude über das Wiedersehen treiben beide bei einem mehrstündigen Gespräch im Café ein Versteckspiel voreinander, immer darum bemüht, das wahre Ich vor dem Gegenüber zu verbergen.

Hauptteil/Inhalt

Renate und Erich treffen sich erstmals seit fünfzehn Jahren zufällig im Kölner Hauptbahnhof wieder. Sie gehen in ein Café, wo sie sich über alte Zeiten und ihre derzeitige Lebenssituation unterhalten. Ihr Leben hat sich kaum geändert, aber sowohl Renate als auch Erich geben vor, beruflich Karriere gemacht zu haben. Sie haben Angst, vom anderen nicht akzeptiert zu werden, wenn sie zugeben würden, wer und was sie wirklich sind. Schließlich gehen sie wieder auseinander: Renate steigt in den Zug nach Aachen, Erich nimmt die Straßenbahn nach Ostheim.

Interpretation

Der Hauptort des Geschehens ist das erste wichtige Symbol des Textes: ein Bahnhof. Bahnhöfe sind Orte, wo man ankommt oder abfährt. Sie sind aber auch Durchgangsstationen, um von A nach B zu gelangen. Das zufällige Treffen von Renate und Erich ist gewissermaßen nur eine Durchgangsstation in ihrem Leben. Im Text wird ferner deutlich, dass der Bahnhof ein Ort des Wiedersehens und der Trennung ist. Beide Personen sehen sich dort nach fünfzehn Jahren wieder, um sich wenige Stunden später erneut voneinander zu verabschieden.
An einem Bahnhof gibt es viele Menschen. Der Einzelne ist nur ein Punkt in der Masse, aus der er kurz auftaucht – wie beide Hauptfiguren vorübergehend im Leben des jeweiligen Gegenübers –, um kurz darauf erneut darin zu verschwinden.

Ein weiterer Ort, an dem die Handlung spielt, ist ein Café in Bahnhofsnähe. Dort findet zwar das mehrstündige Gespräch zwischen den beiden Hauptfiguren statt, doch hierbei ist eher ihr Verhalten (was sie sagen und denken) wichtig, um das es im folgenden Abschnitt gehen wird.

Aus dem Textzusammenhang wird dem Leser klar, dass Renate und Erich früher eng miteinander befreundet waren. Erich war damals ein einfacher Schlosser mit wenig Geld (vgl. Z. 55f.), woran die Beziehung zu Renate schließlich scheiterte: „Er sollte es erst zu etwas bringen, hatte sie ihm damals nachgerufen, vielleicht könne man später wieder darüber [= über Heirat] sprechen" (Z. 56f.). Danach ging jeder seinen eigenen Weg, denn sie „fanden danach keine Brücke mehr zueinander" (Z. 59f.). Fünfzehn Jahre danach treffen sich beide erstmals wieder und vermitteln im Gespräch dem Gegenüber bewusst ein Scheinbild ihrer derzeitigen beruflichen Situation, welches von der Realität erheblich abweicht. Renate gibt vor, Leiterin eines Textilversandhauses in Köln zu sein (vgl. Z. 32f.), ist aber nach wie vor Verkäuferin und verdient nur geringfügig mehr als damals (vgl. Z. 148 – 151). Erich behauptet, „seit vier Jahren Einkaufsleiter einer Hamburger Werft" (Z. 48f.) zu sein, war aber in letzter Zeit offensichtlich arbeitslos, denn er tritt erst am folgenden Tag eine Stelle als Kranführer in Ostheim an (vgl. Z. 158 – 166). Beide entwerfen voreinander eine berufliche „Bombenstellung" (Z. 43 und öfter), die in Wirklichkeit nur eine Seifenblase ist.

Ein Versteckspiel treiben beide auch im Bezug auf ihre Gefühle. Renate und Erich sind in den letzten fünfzehn Jahren unverheiratet geblieben. Sie schieben dies auf ihre angebliche Karriere, die ihnen keine Zeit für Privatleben gelassen hätte (vgl. Z. 28f. und 81 – 84). Dem Leser wird durch die Mitteilungen des Erzählers klar, dass sie sich eigentlich noch immer lieben (vgl. etwa Z. 84 – 87 sowie Z. 94ff.) und der inzwischen verlorenen Zeit nachtrauern. Dennoch haben sie nicht den Mut, ihre Gefühle dem Gegenüber mitzuteilen. So werden sie zum Opfer ihres eigenen Versteckspiels, denn die Offenheit fehlt beiden aufgrund der Tatsache, dass sie sich gegenseitig durch das beruflich angeblich Erreichte beeindrucken, ja fast schon einschüchtern: „(...) und sie bekamen Respekt voreinander, als sie erfuhren, wie schwer es der andere gehabt hatte bei seinem Aufstieg" (Z. 103ff.). Das eigentliche Ich wird von innerer Unsicherheit beherrscht, die sie hinter der Maske bewusster Täuschung verbergen.

Renate und Erich können sich erst am Ende in die Augen schauen (vgl. Z. 143f.) – doch zu diesem Zeitpunkt ist es schon zu spät: Der Zug ist im wahrsten Sinn des Wortes abgefahren. Sie haben die seltene Gelegenheit verpasst, ihre wahren Gefühle füreinander mitzuteilen und das unverhoffte Wiedersehen für eine gemeinsame, glücklichere Zukunft zu nutzen. Renate und Erich sind zwei Menschen, die sich verfehlen, gerade weil sie einander suchen.

Das Versteckspiel der Hauptfiguren verweist immer wieder auf die Überschrift des Textes: Der Begriff „Masken" ist der Oberbegriff für das ganze Geschehen und wird hier vom Autor im übertragenen Sinn verwendet. Renate und Erich geben sich eine andere Persönlichkeit und stellen etwas dar, was sie nicht sind (zum Beispiel ihre angeblichen Berufe). Sie verhalten sich wie Schauspieler, die eine Rolle übernehmen. Sie kommt in den Dialogen der Figuren zum Ausdruck (= äußere Ebene). Durch die Mitteilungen des Erzählers, der die Gedanken der Figuren (= innere Ebene) wiedergibt, erfährt der Leser jedoch sehr deutlich, was hinter den Masken steckt: Zwei unsichere Menschen, die Gefühle füreinander, aber gleichzeitig Angst haben, sie zu zeigen. Es ist die Angst vor der Reaktion des Gegenübers, Angst davor, vom anderen ausgelacht zu werden, weil man es trotz der langen Zeit (fünfzehn Jahre) nicht geschafft hat, beruflich und privat erfolgreich zu sein. Sie wollen sich gegenseitig beeindrucken. So erfinden beide mit den Worten „Jetzt haben wir es geschafft (vgl. Z. 107 und 109) ihre Biografie des Erfolgs; nur der Leser weiß am Schluss, dass Renate und Erich durch die verhüllenden Masken aneinander scheitern.

Schluss

Das Thema der Kurzgeschichte „Masken" ist auf viele Situationen in unserem Alltag übertragbar. Das bekannte Sprichwort „Kleider machen Leute" nimmt so mancher ganz wörtlich, um etwas darzustellen, was er ohne die Maske aus vornehmer Kleidung nicht wäre. Die (Ver-) Kleidung soll Eindruck machen, dabei ist sie oft nichts weiter als schöner Schein an der Oberfläche, um einen Blick nach innen zu blockieren.
Jeder von uns hat sich schon einmal hinter einer Lüge verborgen, etwa in der Schule oder in der Familie.
Die Unterscheidung zwischen Maske und Realität fällt nicht leicht. Es wäre zu wünschen, die Ehrlichkeit wieder verstärkt in den Vordergrund zu rücken, statt ständig nach aufwändigeren Masken für ein noch ausgeprägteres Versteckspiel zu suchen.

3 Kurt Tucholsky: *Herr Wendriner erzieht seine Kinder* Charakteristik mit Interpretationsfragen

Charakterisiere Herrn Wendriner, indem du

- Sprache, Verhalten und besondere Merkmale der Figur textnah untersuchst,
- daraus die angesprochene Problematik
- und die mögliche Wirkungsabsicht des Autors erschließt.

„... Nehm Sie auch noch'n Pilsner? Ja? Ober! Ober, Himmelherrgottdonnerwetter, ich rufe hier nu schon ne halbe Stunde – nu kommen Se doch ma endlich her! Also zwei Pilsner! Was willst du? Kuchen? Du hast genug Kuchen. Also zwei Pilsner. Oder lieber vielleicht – na, is schon gut. Junge, sei doch mal endlich still, man versteht ja sein eignes Wort nicht. Du hast doch schon Kuchen gegessen! Nein! Nein. Also, Ober: noch'n Apfelkuchen mit Sahne. Wissen Se, was einem der Junge zusetzt! Na, Max, nu geh spielen! Hör nicht immer zu, wenn Erwachsene reden. Zehn wird er jetzt. Ja, also ich komme nach Hause, da zeigt mir meine Frau den Brief. Wissen Sie, ich war ganz konsterniert. Ich habe meiner Frau erklärt: So geht das auf keinen Fall weiter! Raus aus der Schule – rein ins Geschäft! Max, laß das sein! Du machst dich schmutzig! Der Junge soll den Ernst des Lebens kennenlernen! Wenn sein Vater so viel arbeitet, dann kann er auch arbeiten. Wissen Se, es is mitunter nicht leicht. Dabei sieht der Junge nichts andres um sich herum als Arbeit: morgens um neun gehe ich weg, um halb neun, um acht – manchmal noch früher – abends komme ich todmüde nach Hause ... Max, nimm die Finger da raus, du hast den neuen Anzug an! Sie wissen ja, die große Konjunktur in der Zeit, das war im Januar, dann die

Liquidation – übrigens: glauben Sie, Fehrwaldt hat bezahlt? 'n Deubel hat er! Ich habe die Sache meinem Rechtsanwalt übergeben. Der Mann ist nicht gut, glauben Sie mir! Ja, also mein Ältester ist jetzt nicht mehr da. Max, laß das! Angefangen hat er bei … Also hören Sie zu: ich hab ihn nach Frankfurt gegeben, zu S. & S. – kennen Sie die Leute auch? – und da hat er als Volongtär angefangen. Ich hab mir gedacht: So, mein Junge, nu stell dich mal auf eigne Füße und laß dir mal den Wind ein bißchen um die Nase wehn – Max, tu das nicht! – jetzt werden wir mal sehn. Meine Frau wollte erst nicht – ich bin der Auffassung, so was ist materiell und ideell sehr gut für den Jungen. Er liest immer. Max, laß das! Ich habe gesagt: Junge, treib doch Sport! Alle deine Kameraden treiben Sport – warum treibst du keinen Sport? Ich komme ja nicht dazu, mit ihm hinzugehn, mir täts ja auch mal sehr gut, hat mir der Arzt gesagt, aber er hat in Berlin doch so viel Möglichkeiten! Max, laß das! Was meinen Sie, was der Junge macht? Er fängt sich was mit einer Schickse an aus einem Lokal; nem Büfettfräulein, was weiß ich! Max, was willste nu schon wieder? Nein, bleib hier! Du sollst hierbleiben! Max! Max! Komm mal her! Du sollst mal herkommen! Max, hörst du nicht? Kannst du nicht hören? Du sollst mal herkommen! Hierher sollst du kommen! Komm mal her! Hierher. Was hast du denn? Sieh dich vor! Jetzt reißt der Junge die Decke … ei weh, der ganze Kaffee auf Ihre Hose! Kaffee macht keine Flecke. Du dummer Junge, warum kommst du nicht gleich, wenn man dich ruft! Jetzt haste den ganzen Kaffee umgeworfen! Setz dich hin! Jetzt gehste überhaupt nicht mehr weg! Setz dich hin! Hier setzte dich hin! Nicht gemuckst! Gießt den ganzen Kaffee um! Hier – haste'n Bonbon! Nu sei still. Ja – er war schon immer so komisch! Bei seiner Geburt habe ich ihm ein Sparkassenkonto angelegt –

meinen Sie, er hats einem gedankt? Schule – das wollt er nicht! Aber Theater! Keine Premiere hat er versäumt, jede Besetzung bei Reinhardt wußte er, und dann Film ... Nee, wissen Se, das war schon nicht mehr schön! Ja, nu hat er mit der ... em ... Max, sieh mal nach, ob da vorn die Lampen schon angezündet sind! Aber komm gleich wieder! Mit dieser Schickse geht er los! Natürlich kostet das 'n Heidengeld, können Sie sich denken! Nu, es sind da Unregelmäßigkeiten vorgekommen – ich hab ihn wegnehmen müssen, und jetzt ist er in Hamburg. Ach, wissen Se, ich hab schon zu meiner Frau gesagt: Was hat einem der liebe Gott nicht zwei Mädchen gegeben! Die zieht man auf, zieht sie an, legt sie abends zu Bett, und zum Schluß werden sie verheiratet. Da hat man keine Mühe. Und hier! Nichts wie Ärger! Max! Max! Wo bloß der Junge bleibt! Max! Wo warst du denn so lange? Setz dich hierhin! Der Junge ist noch mein Grab – das sage ich Ihnen. Kommen Se, es ist kalt, wir wollen gehn.

Ich frage mich bloß eins: diese Unbeständigkeit, diese Fahrigkeit, diese schlechten Manieren – von wem hat der Junge das –?"

Worterklärungen:
konsterniert (Z. 11) = bestürzt
Liquidation (Z. 21) = Pleite, Konkurs
Volongtär (Z. 26) = Volontär (hier: Lehrling) in falscher Aussprache
Schickse (Z. 37) = abwertender Ausdruck für: Frau
Reinhardt (Z. 52) = Max Reinhardt (1873 – 1943), bekannter Theaterregisseur

Hinweis:
Der Text stammt aus dem Jahr 1925 und enthält viele Merkmale des Berliner Dialekts. Aus rechtlichen Gründen darf der Text nur in alter Rechtschreibung abgedruckt werden.

Lies zunächst die Aufgabenstellung sorgfältig durch: Du sollst die Person des Herrn Wendriner analysieren, und zwar vor allem

① seine Sprache,

② sein Verhalten sowie

③ auffällige Merkmale/Besonderheiten.

Schließlich geht es noch darum,

④ welches Problem Kurt Tucholsky hier anspricht und

⑤ was der Autor mit seinem Text erreichen will.

Wichtig

Schreibe die Punkte, die du untersuchen sollst, auf einen Zettel. Lass dabei genügend Platz, damit du beim zweiten und dritten Durchlesen des Textes Notizen machen kannst.

Die Punkte auf deinem Notizzettel sollten so aussehen:

Sprache von Herrn Wendriner:

Verhalten von Herrn Wendriner:

Auffällige Merkmale/Besonderheiten:

Angesprochenes Problem:

Ziel des Textes:

Lies nun den Text mindestens noch zweimal durch. Markiere dabei wichtige Stellen und mach dir zu den Fragen Notizen auf deinem Zettel.

Sprache von Herrn Wendriner

Durch den Hinweis am Ende des Textes hast du schon erfahren, dass der Text im Berliner Dialekt geschrieben ist. Es handelt sich außerdem um einen Monolog (= nur eine Person spricht) des Herrn Wendriner, der durch Merkmale gesprochener Sprache (das Gegenteil von Schriftsprache) gekennzeichnet ist.

13. Welche Merkmale von gesprochener Sprache kannst du im Text erkennen? Schreibe auf die Zeilen.

- Der deutlichste Hinweis auf gesprochene Sprache sind die Anführungszeichen für direkte Rede am Anfang und am Ende des Textes.
- Herr Wendriner spricht in kurzen, oft unvollständigen Sätzen (vgl. Z. 1f. und öfter).
- Manchmal bricht er einen Satz ab, um einen neuen zu beginnen (vgl. Z. 24f. und öfter). Im Text ist dies an vielen Stellen durch Gedankenstriche oder drei Auslassungspunkte erkennbar.
- Auffällig sind ferner die Ellipsen (= Weglassungen) bei manchen Wörtern, wie zum Beispiel „noch'n“ für „noch ein“ (Z. 1) oder „nem“ für „einem“ (Z. 37), im Text teilweise durch Apostrophe markiert.
- Zahlreiche Ausrufezeichen weisen darauf hin, dass der Tonfall von Herrn Wendriner ziemlich scharf ist. Vor allem gegenüber seinem Sohn Max spricht er fast ausschließlich in der Befehlsform (z. B. „Max, laß das!“, Z. 24 und öfter; „Setz dich hin!“, Z. 45 und öfter).
- Dialektmerkmale (z. B. „nu kommen Se doch ma“, Z. 2f.; „Deubel“ statt „Teufel“, Z. 22) stehen in krassem Gegensatz zu Wendriners Versuch, Fremdwörter zu benutzen, die er falsch ausspricht (z. B. „Volongtär“, Z. 26).

Der gesamte Text besteht aus einem ununterbrochenen Redeschwall von Herrn Wendriner. Er fordert seinen „Gesprächspartner" zwar immer wieder auf, etwas zu sagen, jedoch ohne ihn jemals zu Wort kommen zu lassen. Außerdem beschimpft er gleich zu Beginn den Ober und kommandiert ihn rüde herum.

Halten wir fest: Schon an der Sprache ist Herr Wendriner als ein ungebildeter, unhöflicher Mensch ohne Manieren zu erkennen.

Verhalten von Herrn Wendriner

Bereits an der Sprache hast du gesehen, dass Herr Wendriner keine Manieren hat. Das setzt sich bei der Analyse seines Verhaltens fort.

14. Was kannst du aufgrund deiner Textkenntnis über das Verhalten von Herrn Wendriner sagen? Schreibe auf die Zeilen.

- Herr Wendriner ist in seinem Verhalten äußerst grob. Gleich zu Beginn tritt er gegenüber dem Kellner unverschämt auf (Z. 1ff.).
- Ähnlich verhält er sich, als er für einen von seinem Sohn angerichteten Schaden (Kaffeeflecken auf der Hose des Gesprächspartners) aufkommen soll. Er entschuldigt sich nicht für seinen Sohn (was er eigentlich tun müsste), sondern meint nur lapidar: „Kaffee macht keine Flecke" (Z. 43).

- Wendriner verachtet Frauen; das ist erkennbar an seinen abfälligen Bemerkungen über die Freundin seines älteren Sohnes („Schickse“, Z. 37).
- Einen gemeinsamen Geschäftspartner, Fehrwaldt, macht er schlecht (Z. 21ff.), obwohl Herr Wendriner selbst in eine Pleite verwickelt gewesen ist und sein älterer Sohn als ertappter Dieb (von Wendriner in Zeile 57 beschönigend als „Unregelmäßigkeiten“ bezeichnet) die Lehrstelle wechseln musste (vgl. Z. 23ff. und 56ff.).
- Besonders markant ist Wendriners Verhalten gegenüber seinem Sohn Max. Er kommandiert ihn herum (besonders schlimm Z. 38 – 41) und erteilt ihm Befehle, gibt aber trotz lautstarken Gepolters seinem Sohn sofort nach und „belohnt“ ihn sogar, als er den Kaffee vom Tisch kippt („Hier – haste'n Bonbon!“, Z. 47f.).

Fazit: Herrn Wendriners Verhalten ist also äußerst grob und ungezogen. Er hat nicht einmal Hemmungen, über abwesende Geschäftspartner herzuziehen. Seinen Sohn Max behandelt er wie einen Hund, ohne dass sein Gepolter irgendwie berechenbar wäre.

Eine Schlüsselstelle ist das Ende des Textes, wo Herr Wendriner seine Dummheit selbst entlarvt, wenn er über seinen jüngeren Sohn sagt: „Ich frage mich bloß eins: diese Unbeständigkeit, diese Fahrigkeit, diese schlechten Manieren – von wem hat der Junge das –?“ (Z. 66f.). Der Leser der Geschichte kann die Frage klar beantworten: vom Vater.

Auffällige Merkmale und Besonderheiten

Auffällige Merkmale und Besonderheiten der Figur Wendriner ergeben sich direkt aus der Sprache und dem Verhalten. Der Text schildert einen typischen Monolog eines groben, ungezogenen Menschen ohne jede Bildung, der alle seine Gesprächspartner – auch seinen Sohn – rüde behandelt. Die unfreiwillige Komik, die für den Leser der Geschichte in der Selbstentlarvung der beiden letzten Textzeilen steckt, spricht Bände.

Wichtig

In vielen Fällen – so auch bei diesem Text – ist es sinnvoll, die Überschrift einer Geschichte näher unter die Lupe zu nehmen. Frage dich also immer, in welchem Zusammenhang der Titel mit dem Text steht und ob er dazu passt.

Angesprochenes Problem und Ziel des Textes

15. Welches Problem spricht der Autor deiner Meinung nach im Text an und was ist sein Ziel? Schreibe deine Ideen auf die Zeilen.

Das angesprochene Problem sind Menschen, die zwar als Geschäftsleute erfolgreich geworden sind, aber intelligentes Verhalten vermissen lassen. Die Dummheit und die äußerst schlechten Manieren des Herrn Wendriner, der sich am Ende des Textes mit unfreiwilliger Komik selbst entlarvt, kommen in Sprache und Verhalten der Person deutlich zum Ausdruck.

Die Überschrift des Textes – „Herr Wendriner erzieht seine Kinder" – steht im krassen Gegensatz zum Eindruck, den der Leser nach der Lektüre gewonnen hat: Eigentlich ist es vor allem Herr Wendriner selbst, der zu gutem Benehmen erzogen werden müsste. Von einer eigenen erfolgreichen Erziehungsarbeit Wendriners ist nichts zu spüren: Sein älterer Sohn musste wegen Diebstahls die Arbeitsstelle wechseln, auch sein zweiter Sohn Max ist alles andere als gut erzogen.

Das Ziel des Autors besteht in der Kritik an ungezogenen Erwachsenen, die den Beruf in den Vordergrund rücken, die Erziehung ihrer Kinder aber vernachlässigen und gleichzeitig selbst schlechtes Benehmen an den Tag legen. Kurt Tucholsky geht dabei nicht mit dem erhobenen Zeigefinger vor, sondern versteckt die Kritik in der übertriebenen Form einer Satire, die den Leser in erster Linie unterhalten, zwischen den Zeilen aber auch zum Nachdenken bringen soll.

Wichtig

Bevor du beginnst, den Aufsatz auszuformulieren, solltest du noch einmal überprüfen, ob deine Notizen eine logische und sinnvolle Reihenfolge ergeben. Die Gliederung ist durch die Aufgabenstellung zwar vorgegeben, doch achte beim Text „Herr Wendriner erzieht seine Kinder“ darauf, dass das angesprochene Problem sowie die Absicht des Autors sich aus deiner Analyse von Sprache und Verhalten der Hauptfigur ergeben. Dies liegt vor allem daran, weil der gesamte Text aus einem einzigen Monolog besteht und dem Leser die Geschichte nur aus dem Blickwinkel von Herrn Wendriner vermittelt wird.

Das Schreiben des Aufsatzes

Du beginnst deinen Aufsatz wie immer mit einer Einleitung. Sie sollte etwa zwei bis drei Sätze lang sein und folgende Punkte enthalten:

- Titel des Textes, Textsorte und Entstehungszeit des Textes (falls bekannt)
- Name des Autors/der Autorin
- Thema des Textes
- Hinweis zum Inhalt des Textes, um den Leser deines Aufsatzes neugierig zu machen

Wenn du die Stichworte auf deinem Notizzettel geprüft und gegliedert hast, dann kannst du jetzt damit beginnen, den Interpretationsaufsatz zum Text „Herr Wendriner erzieht seine Kinder“ auszuformulieren. Denke dabei immer an die Aufgabenstellung (siehe Seite 45) und an die Einteilung des Aufsatzes in die Abschnitte Einleitung – Hauptteil – Schluss.

Versuche zunächst selbst, einen kompletten Aufsatz zu schreiben. Vergleiche anschließend deinen Vorschlag mit dem folgenden Beispiel.

Aufsatzbeispiel

Einleitung

In der als Monolog gestalteten Kurzgeschichte „Herr Wendriner erzieht seine Kinder" aus dem Jahr 1925 stellt Kurt Tucholsky in satirischer Absicht einen erfolgreichen Geschäftsmann dar, der vor allem selbst durch schlechte Manieren auffällt. Der Leser weiß am Ende, dass Herr Wendriner seine Kinder nicht erzieht, sondern selbst Lektionen in gutem Benehmen nötig hätte.

Hauptteil

Die Gestaltung des Textes als Monolog ist sofort erkennbar: Die gesamte Kurzgeschichte wird durch Anführungszeichen eingerahmt. Der Leser weiß, dass hier Herr Wendriner spricht, und zwar nur er, denn die Anführungszeichen werden erst am Ende aufgelöst. Es lohnt sich daher, die Sprache von Herrn Wendriner näher zu untersuchen.

Die Sprache weist Berliner Dialektfärbung auf (z. B. „nu kommen Se doch ma", Z. 2f.; „Deubel" statt „Teufel", Z. 22). Der Dialekt steht in krassem Gegensatz zu Wendriners Versuch, Fremdwörter zu benutzen. Er möchte gebildet erscheinen, macht sich aber lächerlich, da er die Fremdwörter falsch ausspricht (z. B. „Volongtär", Z. 26). Die Sätze sind kurz, teilweise unvollständig (vgl. Z. 1f. und öfter). Manchmal bricht Wendriner einen Satz ab, um einen neuen zu beginnen (vgl. Z. 24f. und öfter). Im Text ist dies an vielen Stellen durch Gedankenstriche oder drei Auslassungspunkte erkennbar. Dem Sprecher fehlt die Fähigkeit, einen begonnenen Satz zu Ende zu bringen.

Auffällig sind ferner die Ellipsen bei manchen Wörtern, wie zum Beispiel „noch'n" für „noch ein" (Z. 1) oder „nem" für „einem" (Z. 37), im Text teilweise durch Apostrophe markiert. Zahlreiche Ausrufezeichen weisen darauf hin, dass der Tonfall von Herrn Wendriner ziemlich scharf ist. Vor allem gegenüber seinem Sohn Max spricht er fast ausschließlich in der Befehlsform (z. B. „Max, laß das!", Z. 24 und öfter; „Setz dich hin!", Z. 45 und öfter).

Der gesamte Text besteht aus einem ununterbrochenen Redeschwall von Herrn Wendriner. Er fordert seinen „Gesprächspartner" zwar immer wieder auf, etwas zu sagen, jedoch ohne ihn jemals zu Wort kommen zu lassen. Außerdem beschimpft er gleich zu Beginn den Ober und kommandiert ihn rüde herum. Somit ist Herr Wendriner schon an der Sprache als ungebildeter, unhöflicher Mensch ohne Manieren zu erkennen.

Die Szene mit dem Ober zu Beginn des Textes zeigt, dass Wendriners schlechtes Benehmen nicht nur an seiner Sprache, sondern auch an seinem Verhalten nachweisbar ist. Man kann es als äußerst grob einstufen. Seine Unverschämtheit, die gegenüber dem Kellner deutlich wurde, setzt sich fort, als er beispielsweise für einen von seinem Sohn angerichteten

Schaden (Kaffeeflecken auf der Hose des Gesprächspartners) aufkommen soll. Er entschuldigt sich nicht für seinen Sohn (was er eigentlich tun müsste), sondern meint nur lapidar: „Kaffee macht keine Flecke" (Z. 43). Seine Verachtung von Frauen ist erkennbar an seinen abfälligen Bemerkungen über die Freundin seines älteren Sohnes („Schickse", Z. 37). Einen gemeinsamen Geschäftspartner, Fehrwaldt, macht er schlecht (Z. 21ff.), obwohl Wendriner selbst in eine Pleite verwickelt gewesen ist und sein älterer Sohn als ertappter Dieb (eine Tatsache, die von Wendriner in Zeile 57 beschönigend als „Unregelmäßigkeiten" bezeichnet wird) die Lehrstelle wechseln musste (vgl. Z. 23ff. und 56ff.).

Besonders markant ist Wendriners Verhalten gegenüber seinem Sohn Max. Er kommandiert ihn herum (besonders schlimm Z. 38 – 41) und erteilt ihm Befehle, gibt aber trotz lautstarken Gepolters seinem Sohn sofort nach und „belohnt" ihn sogar, als er den Kaffee vom Tisch kippt („Hier – haste'n Bonbon!", Z. 47f.).

Eine Schlüsselstelle ist das Ende des Textes, wo Herr Wendriner seine Dummheit mit unfreiwilliger Komik selbst entlarvt, wenn er über seinen jüngeren Sohn sagt: „Ich frage mich bloß eins: diese Unbeständigkeit, diese Fahrigkeit, diese schlechten Manieren – von wem hat der Junge das –?" (Z. 66f.). Der Leser der Geschichte kann die Frage klar beantworten: vom Vater.

Das im Text angesprochene Problem sind Menschen, die zwar als Geschäftsleute erfolgreich geworden sind, aber intelligentes Verhalten vermissen lassen. Die Dummheit und die äußerst schlechten Manieren des Herrn Wendriner, der sich am Ende des Textes selbst entlarvt, kommen in Sprache und Verhalten der Person deutlich zum Ausdruck. Die Überschrift des Textes – „Herr Wendriner erzieht seine Kinder" – steht im krassen Gegensatz zum Eindruck, den der Leser nach der Lektüre gewonnen hat: Eigentlich ist es vor allem Herr Wendriner selbst, der zu gutem Benehmen erzogen werden müsste. Von einer eigenen erfolgreichen Erziehungsarbeit Wendriners ist nichts zu spüren: Sein älterer Sohn musste wegen Diebstahls die Arbeitsstelle wechseln, auch sein zweiter Sohn Max ist alles andere als gut erzogen.

Schluss

Das Ziel des Autors besteht in der Kritik an ungezogenen Erwachsenen, die den Beruf in den Vordergrund rücken, die Erziehung ihrer Kinder aber vernachlässigen und gleichzeitig selbst schlechtes Benehmen an den Tag legen. Kurt Tucholsky geht dabei nicht mit dem erhobenen Zeigefinger vor, sondern versteckt die Kritik in der übertriebenen Form einer Satire, die den Leser in erster Linie unterhalten, zwischen den Zeilen aber auch zum Nachdenken bringen soll.

C Die Interpretation von Romanausschnitten

1 Birgit Rabisch: *Duplik Jonas 7* Interpretation

Interpretiere den folgenden Romanausschnitt unter Berücksichtigung der folgenden Aufgabenstellung in einem zusammenhängenden Text:

- Schreibe eine kurze Inhaltsangabe zum Kapitel „Der Plan".
- Stelle dieses Kapitel in den Gesamtzusammenhang des Romans und erläutere die Entwicklung der Handlung bis zu diesem Kapitel und bis zum Schluss.
- Der Roman „Duplik Jonas 7" soll in die Liste der „Literaturempfehlung" für die 10. Klassen aufgenommen werden. Begründe dies stichhaltig.

Der Plan

Jonas nagt an einer zähen Hähnchenkeule. Gut, dass er sonst nicht auf das Mensa-Essen angewiesen ist! Er ordert seine Mahlzeiten bei Helcken-high-class, einer Filiale seines Vaters, die nur Lebensmittel der A-Kategorie führt.

Aber auch die zäheste Keule ist einmal verzehrt, und Jonas starrt zum Eingang. Wann kommt dieser S. denn endlich? Fetzen des Alptraums der vergangenen Nacht tauchen wieder auf: Unauffällig gekleidete Menschen hatten sich auf ihn gestürzt, um ihn zu verhaften. Verstohlen blickt Jonas sich um. Sieht einer der Essenden wie ein Staatsvoyeur aus? Aber er kann keinen Verdächtigen entdecken. Alle sehen aus wie typische Studenten. Zu typisch? Sie schlingen das Essen hinunter, und an allen Tischen wird heftig über das neue Gesetz diskutiert, das die Beherrschung von zwei Programmiersprachen zur Studienvoraussetzung auch für geisteswissenschaftliche Fächer macht.

Jonas fängt an, in den „Prüfungsfragen zur Chirurgie der oberen Extremitäten" zu blättern. Aber genauso gut könnte er chinesische Schriftzeichen lesen. Sein Kopf nimmt nichts auf. Dabei ist er sonst an allem interessiert, was sein Fachgebiet betrifft. Es gibt noch so viele ungelöste Probleme in der Medizin. Wenn er doch nur eins davon lösen könnte. Einen Impfstoff gegen den Herpes-infantilis-Virus finden, zum Beispiel. Sich ganz einer Aufgabe widmen. So wie Mehmet.

Lange kann er nicht mehr vor dem Teller mit dem abgenagten Hähnchenbein sitzen bleiben, ohne aufzufallen.

Eigentlich haben es die Dupliks doch gut. Ihre Existenz hat einen klar umrissenen Sinn. Und seine? Die Freiheit, wie es so schön heißt. Aber wie kann Freiheit ein Sinn sein? Andere sagen: Du musst den Sinn in *dir* finden. Wie kann der Sinn seiner Existenz in seiner Existenz liegen? Zirkelschluss! Und selbst wenn er eine bahnbrechende medizinische Entdeckung machen würde, gäbe das seinem Leben tatsächlich einen Sinn? Einen Zweck höchstens. Also kann er sich genauso gut mit der Lösung von Sachaufgaben beschäftigen? Die Nervenstränge des Oberarms liegen parallel ... Wie? Ach ja, das ist gut. Das ist konkret.

Diese dummen Sinnfragen? Seit Menschengedenken unbeantwortet. Oder durch etwas Übersinnliches verschleiert. Warum können Menschen fragen, wenn sie die Antwort nicht finden können? Da haben es die Tiere besser. Die können wenigstens nicht fragen. Oder die Dupliks. Die haben eine Antwort. Oder? Aber sie alle werden von uns beherrscht. Ihr Leben hängt von uns Menschen ab.

Jonas hat einen Unfall und sein Duplik erblindet. Was denkt der darüber? Wenn er ihn doch nur einmal sprechen könnte! Und der Plan … auf was lässt er sich da bloß ein? Ach, vielleicht kommt dieser S. ja gar nicht mehr. Hat kalte Füße gekriegt. Jonas beschließt, in fünf Minuten zu gehen. Von dieser Aussicht erleichtert, beginnt er sich jetzt tatsächlich in die Prüfungsaufgaben zu vertiefen. Und so erschrickt er, als plötzlich ein junger, dunkelhaariger Mann neben ihm steht und ihn anspricht: „Hallo, Jonas, trifft man dich auch mal wieder?“

Nach einer Schrecksekunde blickt Jonas den Fremden freundlich an. „Hallo, setz dich doch! Ich war ein paar Wochen im Krankenhaus. Böser Unfall, weißt du …“

Das Rollenspiel klappt perfekt. Niemand scheint sich um sie zu kümmern. So lädt Jonas den Fremden bald in seine Wohnung ein, um das unsinnige Gespräch beenden zu können.

Hier stellt sich S. als Simon vor. Jonas bittet ihn, Platz zu nehmen und lässt die Kaffemaschine anstellen.

Die beiden sitzen sich gegenüber, mustern sich und suchen den Übergang von dem belanglosen Geschwätz zu ihrem eigentlichen Anliegen. Schließlich holt Simon aus seiner Tasche ein handgeschriebenes Skript und legt es zwischen die Kaffeetassen.

„Von meiner Mutter.“

Jonas nimmt es in die Hand und liest „Duplikhaltung. Ausführliche Informationen“.

„In diesem Skript hat meine Mutter alles aufgeschrieben, was sie über die Dupliks und ihre Behandlung weiß. Auch ihre persönlichen Erfahrungen. Ihr solltet es aufmerksam lesen. Aber bitte gib es nur denjenigen aus der Gruppe, die absolut zuverlässig sind.“

„Es ist nicht *meine* Gruppe“, antwortet Jonas patzig, „ich habe mich nur bereit erklärt, den Kontakt herzustellen.“

Simon verzieht keine Miene.
„Natürlich. Wenn du in der Gruppe schon aktiv geworden wärest, würden wir jetzt hier nicht unbelauscht sprechen können. Aber – du sympathisierst mit der Sache, oder?"
„Sympathisieren? Vielleicht. Ich möchte erst mal mehr wissen. Offizielle Stellungnahmen bestehen zum größten Teil aus ethischen Rechtfertigungen. Aber konkrete Informationen bekommt man kaum. Von daher bin ich sehr interessiert an dem Skript deiner Mutter."
„Ja, lies es. Ich denke, jeder Mensch, der nicht schon völlig abgestumpft ist, wird erkennen, dass den Dupliks schreiendes Unrecht geschieht, wenn er Genaueres über sie erfährt."
„Du findest also auch, dass man sie wie Menschen behandeln sollte?"
„Es *sind* Menschen! Und ich finde, dass es sie gar nicht geben sollte. Das Produzieren von Dupliks müsste sofort gestoppt und die schon vorhandenen Dupliks befreit werden."
„Die Forderung erheben die Lebensschützer schon seit Jahrzehnten. Und werden nur belächelt."
„Weil die Menschen so fantasielos sind. Man müsste ihnen die Möglichkeit zur Verdrängung rauben. Sie müssten selbst erleben, dass ein Duplik ein Mensch ist – genau wie sie."
„Und wie soll das gehen?"
„Man müsste einen Duplik befreien und ihn der Öffentlichkeit vorführen."
Jonas zuckt zusammen. Darauf also läuft der Plan hinaus! „Also, es tut mir leid. Wenn ihr an so etwas denkt, deine Mutter und du, dann seid ihr von allen guten Geistern verlassen. Ich kenne zwar nicht die Einzelheiten, aber eins ist sicher: Es ist völlig ausgeschlossen, dass ein Duplik aus seinem Hort herauskommt, es sei denn, er ist tot."

„Meine Mutter kennt das Sicherungssystem sehr genau, und wir haben in nächtelangen Diskussionen eine Lücke gefunden."

Jonas starrt Simon entsetzt an. Offenbar meint der es ernst. Während er sich Kaffee nachschenkt, fragt er mit möglichst unbeteiligter Stimme: „Welche Rolle soll meine Schwester in eurem Plan spielen?"

„Eine wichtige. Sie hat die Beziehungen zu vielen Medien. Sie muss für die Öffentlichkeitsarbeit sorgen. Die wichtigste Rolle in unserem Plan spielst aber du."

Jonas traut seinen Ohren nicht. Jetzt ist dieser Simon völlig durchgedreht. Hat er ihm nicht gleich klargemacht, dass er nur den Kontaktmann mimt und mehr nicht?

Betont lässig sagt er: „Das ist ja äußerst interessant. Und wieso ich, wenn man fragen darf?"

„Weil wir *deinen* Duplik befreien wollen. Jonas 7, demnächst auf Station 3 zum Einsatz eines Augenimitats, gepflegt von meiner Mutter – Anna Mirdal."

Jonas bleibt die Luft weg. Er versucht, die Sache abzuwehren, indem er den Plan für undurchführbar erklärt. Doch Simon hat auf alle Einwände eine Antwort, hat alles, was passieren könnte, bereits bedacht.

Zum Schluss muss Jonas eingestehen: Es könnte so gehen. Aber auch: Es kann nur mit ihm gehen. Der ganze Plan steht und fällt mit seiner Beteiligung.

Simon trinkt seinen Kaffee aus und verabschiedet sich mit den Worten: „Du hast ja noch ein paar Tage Zeit, es dir zu überlegen."

Jonas schaut auf das Skript, das Simon auf seinem Tisch zurückgelassen hat. Nein, es ist kein Traum. Ihm wird schwarz vor Augen. Er setzt sich hin. Eine Zeit lang herrscht in seinem Kopf eine wohltuende Leere.

Doch plötzlich hört er Stimmen: seinen Vater, Mehmet, Ilka, seinen Ethiklehrer, Simon – alle schreien durcheinander. Jeder versucht, den anderen zu übertönen.
Jonas schlägt mit der Faust auf den Tisch. Aufhören, aufhören, verdammt noch mal!
Er greift zu dem Skript und schlägt es auf ... Er überblättert die Kapitel Organisation des Hortes Nordmark III, das Sicherheitssystem, die Ausbildung der Fachkräfte und beginnt mit dem Kapitel: Zum Beispiel Jonas 7.

„Als Jonas 7 zu uns ins Kinderhaus kam, war er eine Woche alt. Als Baby war er problemlos und pflegeleicht. Aber als Kleinkind musste er öfter mit Medikamenten beruhigt werden. Ohne erkennbaren Anlass schmiss er sich auf den Boden und riss sich Haare aus. Andererseits war er sehr anhänglich, saß auch als Sechsjähriger noch auf meinem Schoß. Er versuchte ständig, meine Aufmerksamkeit auf sich zu ziehen, und obwohl ich natürlich streng darauf achtete, alle Kinder gleich zu behandeln, gelang es ihm doch immer wieder, eine Extraeinheit Beachtung zu ergaunern. Er war außerordentlich neugierig und lernwillig, hatte aber Mühe, gegebene Grenzen zu akzeptieren. Als er älter wurde, zog er sich immer mehr in sich selbst zurück. Er ging jedem Streit aus dem Weg und beschäftigte sich ausdauernd mit Basteleien, insbesondere erstellte er Unmengen skurriler Fantasiegestalten aus Knetmasse."

Jonas schlägt das Skript zu, steht auf und geht in seinen Schlafraum. Auf dem Bord über seinem Bett stehen mehrere Tonfiguren in verschiedenen Größen und Glasierungen. „Skurrile Fantasiegestalten", hat Anna Mirdal geschrieben. Genau das sind sie, diese wenigen Überbleibsel aus seiner Kindheitsproduktion. Nachdenklich nimmt er eine dieser Figuren in die Hand, ein dickbäuchiges hellgrünes Wesen mit zwei Köpfen und Tentakelaugen. Fremdartig, aber ihm dennoch vertraut.

Eins ahnt er jetzt: Jonas 7 ist *kein* fremdartiges Wesen.

Wichtig

Lies die Aufgabenstellung in Ruhe durch. Die Struktur deines Aufsatzes ist durch die zu analysierenden Punkte genau vorgegeben. Außerdem erfährst du, dass du einen zusammenhängenden Aufsatz schreiben sollst.

Bei der Interpretation eines Romanausschnitts ist es wichtig, den Auszug in den Gesamtrahmen des Werks einzuordnen. Eine Aufgabenstellung zum Text aus „Duplik Jonas 7“, einem Jugendbuch, geht in diese Richtung: Du sollst die Entwicklung der Handlung bis zu diesem Kapitel und ab diesem Abschnitt bis zum Schluss des Romans erläutern. Das geht natürlich nur, wenn du das Buch gut kennst. Bevor du dir dieses Kapitel näher ansiehst und eine Interpretation versuchst, musst du den Roman „Duplik Jonas 7“ zunächst lesen.

Hier ein paar Hinweise zum Inhalt von „Duplik Jonas 7“, die dir Appetit auf die Buchlektüre machen sollen: Dupliks sind Kopien von realen Menschen. Sie leben in sogenannten Horten, wo sie isoliert von der Welt leben. Ihre einzige Aufgabe besteht darin, Sport zu treiben und sich richtig zu ernähren, damit sie bei guter Gesundheit bleiben. Keiner der Dupliks ahnt, zu welchem Zweck sie gedacht sind: Sie sollen bei Bedarf als Ersatzteillager für den Körper ihrer in der „normalen“ Welt lebenden genetischen Zwillinge dienen. Und außerdem gibt es für die Dupliks eine Bedrohung – den Fraß. Das ist eine plötzlich auftretende Krankheit, die ihre Organe befällt und nur durch Entfernen des entsprechenden Körperteils gestoppt werden kann. Auch Jonas erkrankt …

Du erkennst in dieser Beschreibung bereits das Thema des Buches, das sehr aktuell und höchst umstritten ist: die Gentechnik und das Klonen, also die „Herstellung“ von identischen Zwillingen. Bei Tieren sind solche Versuche schon umgesetzt worden.

Kommen wir zu unserer Aufgabe zurück. Du sollst den vorliegenden Auszug aus „Duplik Jonas 7“ von Birgit Rabisch unter Berücksichtigung folgender Gesichtspunkte interpretieren:

① Kurze Inhaltsangabe des Kapitels „Der Plan“

② Einordnung des Kapitels in den Gesamtzusammenhang des Romans

③ Begründung für die Literaturempfehlung

Achte darauf, dass die kurze Inhaltsangabe sich nur auf das Kapitel „Der Plan“ beziehen soll. Wenn du den ganzen Roman kennst, musst du also aufpassen, keine Informationen zu erwähnen, die vor oder nach diesem Kapitel eine Rolle spielen.

Deine Kenntnis des gesamten Buchtextes ist dann in der zweiten Aufgabe gefragt, wo du die Handlung bis zu diesem Kapitel und dann anschließend bis zum Buchende erläuterst.

Bei der Begründung für die Buchempfehlung hilft es dir, wenn du an das Thema des Romans (die Gentechnologie und das Klonen) denkst. Erinnere dich an die zahlreichen Diskussionen in den Medien über diese Problematik; es fallen dir bestimmt stichhaltige Argumente ein. Nenne im Aufsatz an dieser Stelle einige aus deiner Sicht überzeugende Argumente, die für eine Literaturempfehlung sprechen, und begründe sie.

Nimm ein Blatt Papier und notiere darauf die Punkte, die du bei der Analyse berücksichtigen sollst. Lass dabei genügend Raum für Notizen, die du während der zweiten und dritten Textlektüre machen willst.

Die Punkte auf deinem Notizzettel sollten so aussehen:

Inhalt „Der Plan“:

Einordnung in den Roman – bis zu „Der Plan“:

Einordnung in den Roman – ab „Der Plan“ bis Ende:

Argumente für die Literaturempfehlung:

Lies nun den Text mindestens noch zweimal durch. Markiere dabei wichtige Stellen und mach dir zu den einzelnen Punkten Notizen auf deinem Zettel.

Inhalt

16. Fasse den Inhalt des Kapitels „Der Plan“ kurz zusammen. Schreibe deinen Vorschlag auf die Zeilen.

So könnte deine Inhaltsangabe aussehen:

Zusammenfassung des Inhalts

Jonas Helcken und Simon, der Sohn der Duplikpflegerin Anna Mirdal, treffen sich in der Mensa. Nach einem zunächst unverfänglichen Gespräch gehen sie zu Jonas. Hier übergibt Simon Jonas ein Skript seiner Mutter zum Thema „Duplikhaltung". Simon und eine Gruppe von Menschenrechtlern wollen den Duplik Jonas 7 aus dem Hort befreien. Jonas soll bei diesem Unternehmen mitmachen. Ihm kommt die wichtigste Rolle zu, da Jonas 7 das Duplikat von ihm selbst ist. Die Menschenrechtler wollen mit der Entführung und der Information der Öffentlichkeit erreichen, dass die Produktion von Dupliks gestoppt und alle internierten Dupliks befreit werden. Simon und Anna Mirdal haben eine Lücke im Sicherheitssystem des streng abgeschirmten Hortes entdeckt, sodass die Befreiung theoretisch möglich wäre. Jonas ist nicht begeistert, weiß aber, dass der Plan nur mit seiner Hilfe funktionieren kann. Simon verabschiedet sich und Jonas beginnt mit der Lektüre des Skripts über Jonas 7, in dem er Übereinstimmungen mit seiner eigenen Kindheit findet.

Einordnung des Kapitels in den Gesamtzusammenhang

Wichtig

Diese Aufgabe kannst du natürlich erst dann lösen, wenn du den ganzen Roman gelesen hast.

Der Buchtext beginnt mit einer positiven Beschreibung des Lebens im Hort. Die Dupliks leben in Kleeblättern zusammen, das sind Wohngemeinschaften, die aus vier Dupliks bestehen. In einem dieser Kleeblätter lebt Duplik Jonas 7. Die Hauptaufgabe der Dupliks besteht darin, ihr Gesundheitstraining zu absolvieren. Sie müssen dafür jeden Tag drei Stunden trainieren und sich regelmäßig einem Gesundheitscheck unterziehen. Es gibt in dieser Umgebung nur eine einzige Gefahr: die Krankheit „Fraß". Wer von dieser Krankheit befallen wird, dem müssen die befallenen Organe oder Körperteile umgehend entfernt werden. Trotz der vordergründigen Idylle fühlt Jonas 7 sich nicht wohl. Er stellt viele Fragen, auf die er keine Antworten erhält.

Jonas Helcken lebt in der Menschenwelt. Ihm geht es gut. Er ist finanziell unabhängig, denn sein Vater hat eine große Firma. Jonas Helcken weiß nichts über die Duplikhaltung und wie es in einem Hort aussieht. Jonas 7 wird von der Krankheit „Fraß“ befallen und verliert seine Augen, die seinem Bruder Jonas Helcken implantiert werden. Der verlor sein Augenlicht bei einem schweren Autounfall. Dem Leser wird klar, dass Dupliks die Funktion eines Ersatzteillagers hinsichtlich Organen und Körperteilen haben. Die Dupliks selbst wissen aber nichts davon. Jonas Helcken kann wieder sehen und macht sich kaum Gedanken darüber, wie sich sein blinder Duplik jetzt fühlt.

Erst als er das Skript Anna Mirdals liest, wird ihm klar, dass er seinem Duplik helfen will, indem er bei dessen Befreiung mitmachen möchte. Die Menschen erhalten Informationen über die Dupliks und ihr Leben im Hort. Jonas Helcken trifft sich mit seinem Freund Mehmet, der an Muskeldystrophie leidet und die Probleme der verstümmelten Dupliks beurteilen kann, da er selbst behindert ist. Jonas will sich einen Überblick über die Problematik der Dupliks verschaffen, ist aber nach dem Gespräch mit Mehmet genauso unsicher wie zuvor.

Jonas 7 leidet sehr unter dem Verlust seines Augenlichts. Er stellt sich immer mehr Fragen über den Sinn des Lebens. Diese Fragen beinhalten eine Vorausdeutung auf den weiteren Handlungsverlauf.

Jonas Helcken entschließt sich, den Menschenrechtlern bei der Befreiung seines Dupliks zu helfen. Dadurch nimmt die Handlung des Romans eine dramatische Wende. Es ist die Chance, die Menschen aufzurütteln und sie über die Missstände und Gefahren der Gentechnologie zu informieren. Jonas 7 wird aus dem Hort befreit und versteckt gehalten. Ilka, die Schwester von Jonas Helcken, erklärt Jonas 7 die Menschenwelt. Je mehr er darüber erfährt, umso größer wird seine Sehnsucht nach der „Geborgenheit“ des Hortes. Er möchte zurück, weil ihm die Menschenwelt zu grausam ist, grausamer als das Leben im Hort.

Jonas Helcken ist von den Menschenrechtlern enttäuscht. Sie wollen Jonas 7 opfern, um alle anderen Dupliks zu befreien. Jonas will aber in erster Linie seinem Bruder helfen und gibt ihm ein Auge zurück.

Jonas 7 tritt in der Fernsehsendung „Heiß und aktuell“ auf. Er erklärt seinen Standpunkt. Er kann seine Freunde im Hort nicht im Stich lassen und sein Zuhause, wo er sich sicher fühlt, nicht aufgeben. Er wollte aber nicht blind in die Öffentlichkeit gehen. Er will seine Freunde vor dem „Fraß“ bewahren. Das sieht er als seine Aufgabe und Verpflichtung an. – So kommt es am Ende zu einer plötzlichen Wendung des Konfikts, mit der der Leser nicht rechnet.

Zur Aufgabe der Einordnung des Kapitels „Der Plan" in den Gesamtzusammenhang des Romans sollte dein Notizzettel etwa so aussehen:

Einordnung in den Roman – bis zu „Der Plan":

- *Positive Beschreibung des Hortes („Kleeblätter" = Wohngemeinschaften); in einem der Kleeblätter lebt Jonas 7.*
- *Hauptaufgabe der Dupliks: Gesundheitstraining durch Sport*
- *Idylle des Hortes wird nur durch die Krankheit „Fraß" bedroht; erkrankt ein Duplik, müssen ihm die befallenen Organe/Körperteile entfernt werden.*
- *Jonas 7 fühlt sich in dieser Idylle nicht wohl (er erhält keine Antworten auf seine Fragen).*
- *Jonas Helcken lebt in der Menschenwelt; er weiß nichts über die Duplikhaltung.*
- *Jonas 7 wird vom „Fraß" befallen und verliert seine Augen, die Jonas Helcken nach einem Autounfall implantiert werden.*
- *Dupliks sind Ersatzteillager (Organe/Körperteile), wissen aber nichts von ihrer Funktion.*
- *Jonas Helcken kann wieder sehen und macht sich kaum Gedanken über seinen blinden Duplik.*

Einordnung in den Roman – ab „Der Plan“ bis Ende:

- Jonas trifft sich mit seinem Freund Mehmet.
- Mehmet ist behindert und kann am ehesten beurteilen, wie sich ein verstümmelter Duplik fühlt.
- Jonas 7 leidet unter dem Verlust seines Augenlichts; er stellt immer öfter Fragen nach dem Sinn des Lebens (→ Vorausdeutung auf seine Befreiung).
- Jonas 7 wird befreit und versteckt.
- Ilka, Jonas Helckens Schwester, versucht, Jonas 7 die Menschenwelt zu erklären.
- Jonas 7 ist schockiert und möchte zurück in den Hort, weil die Menschenwelt ihm zu grausam erscheint.
- Jonas Helcken ist von den Menschenrechtlern enttäuscht; sie wollen Jonas 7 opfern, um alle Dupliks zu befreien.
- Jonas Helcken fühlt sich für seinen Bruder Jonas 7 verantwortlich und gibt ihm ein Auge zurück.
- Jonas 7 tritt in der Fernsehsendung „Heiß und aktuell“ auf.
- Er sieht seine Hauptaufgabe darin, die Menschen über die Dupliks zu informieren und seine Freunde vor der Krankheit „Fraß“ zu bewahren.

Argumente für die Literaturempfehlung

Die Lösung der letzten Aufgabe ergibt sich einerseits aus der Handlung des Romans, in dem Argumente sowohl für, vor allem aber gegen die Gentechnik genannt werden. Andererseits kannst du dies durch Informationen ergänzen, die du aus den Medien kennst. Überlege also, was deiner Meinung nach für/gegen die Gentechnik spricht, und begründe deine Wahl. Einige wenige Punkte genügen; sie bilden den Schlussteil deines Aufsatzes. Entscheidend ist insgesamt – so die Aufgabenstellung – das Buch zu empfehlen; du darfst es also nicht ablehnen.

17. Wie könnte die Lösung dieser Aufgabe – und damit der Schluss deines Aufsatzes aussehen? Schreibe deinen Vorschlag auf die Zeilen.

Deine Lösung könnte so aussehen:

Schluss

Das Buch „Duplik Jonas 7" gehört meiner Meinung nach auf die Liste zur Literaturempfehlung, da es die aktuellen Themen Genmanipulation sowie Klonen von Tieren und Menschen kritisch aufgreift. Hier wird ein Szenarium entworfen, das in naher Zukunft Wirklichkeit werden könnte. Die Gentechnologie – und damit die mögliche Veränderung menschlicher Erbanlagen – macht rasante Fortschritte. Die damit verbundenen Gefahren sind jedoch noch weitgehend unbekannt. Wissenschaftler haben bereits Tiere geklont. Ab jetzt ist es nur ein kleiner Schritt, menschliche Duplikate herzustellen. Technisch ist dies wohl schon möglich. Eine Realisierung scheitert zwar noch an moralischen Bedenken, doch können diese irgendwann an irgendeinem Ort der Erde über Bord geworfen werden. Mit dem Argument, unheilbare Krankheiten heilen zu wollen, könnten – wie im Buchtext beschrieben – menschliche Ersatzteillager gezüchtet werden, deren Funktion nur die Zulieferung von Organen ist, wenn diese benötigt werden. Dass die „Lieferanten" selbst Menschen sind, wird dann leicht übersehen. Der Roman ist ein wichtiger Diskussionsbeitrag, der zum Nachdenken über ethische Fragen anregt, und ein Plädoyer für Menschenrechte. Die Autorin warnt eindringlich davor, die Grundrechte des Individuums zu verletzen.

Wichtig

Bevor du beginnst, den Aufsatz auszuformulieren, solltest du noch einmal überprüfen, ob deine Notizen eine logische und sinnvolle Reihenfolge ergeben. Die Gliederung ist durch die Aufgabenstellung bereits vorgegeben.

Beachte, dass die Einordnung des Kapitels „Der Plan" deine Kenntnis des kompletten Romantextes voraussetzt. Bei den Argumenten für die Literaturempfehlung musst du dich daran erinnern, wie die Themen „Gentechnologie" und „Klonen" in der Öffentlichkeit diskutiert werden – und deine Empfehlung gut begründen.

Das Schreiben des Aufsatzes

Wie immer beginnt dein Aufsatz mit einer passenden Einleitung. Sie sollte etwa zwei bis drei Sätze lang sein und folgende Punkte enthalten:

- Titel des Textes, Textsorte und Entstehungszeit des Textes (falls bekannt)
- Name des Autors/der Autorin
- Thema des Textes
- Hinweis zum Inhalt des Textes, um den Leser deines Aufsatzes neugierig zu machen

Wenn du die Stichworte auf deinem Notizzettel geprüft und gegliedert hast, dann kannst du jetzt damit beginnen, den Aufsatz zum Romanauszug „Der Plan“ auszuformulieren. Denke dabei immer an die Aufgabenstellung (siehe Seite 56) und an die Einteilung des Aufsatzes in die Abschnitte Einleitung – Hauptteil – Schluss.

Versuche zunächst selbst, einen kompletten Aufsatz zu schreiben. Vergleiche anschließend deinen Vorschlag mit dem folgenden Beispiel.

Aufsatzbeispiel

Einleitung

In dem modernen Jugendroman „Duplik Jonas 7“ von Birgit Rabisch geht es um einen jungen Mann namens Jonas Helcken und seinen in einem Hort gezüchteten Klon Jonas 7, der ihm nach einem Autounfall als menschliches Ersatzteillager dient. Die Autorin wirft die Frage auf, ob das Klonen von Menschen zum Zweck der Organspende moralisch vertretbar ist – und beantwortet sie in ihrem Text mit einem klaren Nein.

Hauptteil/Inhalt

Jonas Helcken und Simon, der Sohn der Duplikpflegerin Anna Mirdal, treffen sich in der Mensa. Nach einem zunächst unverfänglichen Gespräch gehen sie zu Jonas. Hier übergibt Simon Jonas ein Skript seiner Mutter zum Thema „Duplikhaltung“. Simon und eine Gruppe von Menschenrechtlern wollen den Duplik Jonas 7 aus dem Hort befreien. Jonas soll bei diesem Unternehmen mitmachen. Ihm kommt die wichtigste Rolle zu, da Jonas 7 das Duplikat von ihm selbst ist. Die Menschenrechtler wollen mit der Entführung und der Information der Öffentlichkeit erreichen, dass die Produktion von Dupliks gestoppt und alle internierten Dupliks befreit werden. Simon und Anna Mirdal haben eine Lücke im Sicherheitssystem des streng abgeschirmten Hortes entdeckt, sodass die Befreiung theoretisch möglich wäre. Jonas ist nicht begeistert, weiß aber, dass der Plan nur mit seiner Hilfe funktionieren kann. Simon verabschiedet sich und Jonas beginnt mit der Lektüre des Skripts über Jonas 7, in dem er Übereinstimmungen mit seiner eigenen Kindheit findet.

Einordnung des Kapitels in den Roman

Der Buchtext beginnt mit einer positiven Beschreibung des Lebens im Hort. Die Dupliks leben in Kleeblättern zusammen, das sind Wohngemeinschaften, die aus vier Dupliks bestehen. In einem dieser Kleeblätter lebt Duplik Jonas 7. Die Hauptaufgabe der Dupliks besteht darin, ihr Gesundheitstraining zu absolvieren. Sie müssen dafür jeden Tag drei Stunden trainieren und sich regelmäßig einem Gesundheitscheck unterziehen. Es gibt in dieser Umgebung nur eine einzige Gefahr: die Krankheit „Fraß“. Wer von dieser Krankheit befallen wird, dem müssen die befallenen Organe oder Körperteile umgehend entfernt werden. Trotz der vordergründigen Idylle fühlt Jonas 7 sich nicht wohl. Er stellt viele Fragen, auf die er keine Antworten erhält.

Jonas Helcken lebt in der Menschenwelt. Ihm geht es gut. Er ist finanziell unabhängig, denn sein Vater hat eine große Firma. Jonas Helcken weiß nichts über die Duplikhaltung und wie es in einem Hort aussieht. Jonas 7 wird von der Krankheit „Fraß" befallen und verliert seine Augen, die seinem Bruder Jonas Helcken implantiert werden. Der verlor sein Augenlicht bei einem schweren Autounfall. Dem Leser wird klar, dass Dupliks die Funktion eines Ersatzteillagers hinsichtlich Organen und Körperteilen haben. Die Dupliks selbst wissen aber nichts davon. Jonas Helcken kann wieder sehen und macht sich kaum Gedanken darüber, wie sich sein blinder Duplik jetzt fühlt.

Erst als er das Skript Anna Mirdals liest, wird ihm klar, dass er seinem Duplik helfen will, indem er bei dessen Befreiung mitmachen möchte. Die Menschen erhalten Informationen über die Dupliks und ihr Leben im Hort. Jonas Helcken trifft sich mit seinem Freund Mehmet, der an Muskeldystrophie leidet und die Probleme der verstümmelten Dupliks beurteilen kann, da er selbst behindert ist. Jonas will sich einen Überblick über die Problematik der Dupliks verschaffen, ist aber nach dem Gespräch mit Mehmet genauso unsicher wie zuvor.

Jonas 7 leidet sehr unter dem Verlust seines Augenlichts. Er stellt sich immer mehr Fragen über den Sinn des Lebens. Diese Fragen beinhalten eine Vorausdeutung auf den weiteren Handlungsverlauf.

Jonas Helcken entschließt sich, den Menschenrechtlern bei der Befreiung seines Dupliks zu helfen. Dadurch nimmt die Handlung des Romans eine dramatische Wende. Es ist die Chance, die Menschen aufzurütteln und sie über die Missstände und Gefahren der Gentechnologie zu informieren. Jonas 7 wird aus dem Hort befreit und versteckt gehalten. Ilka, die Schwester von Jonas Helcken, erklärt Jonas 7 die Menschenwelt. Je mehr er darüber erfährt, umso größer wird seine Sehnsucht nach der „Geborgenheit" des Hortes. Er möchte zurück, weil ihm die Menschenwelt zu grausam ist, grausamer als das Leben im Hort.

Jonas Helcken ist von den Menschenrechtlern enttäuscht. Sie wollen Jonas 7 opfern, um alle anderen Dupliks zu befreien. Jonas will aber in erster Linie seinem Bruder helfen und gibt ihm ein Auge zurück.

Jonas 7 tritt in der Fernsehsendung „Heiß und aktuell" auf. Er erklärt seinen Standpunkt. Er kann seine Freunde im Hort nicht im Stich lassen und sein Zuhause, wo er sich sicher fühlt, nicht aufgeben. Er wollte aber nicht blind in die Öffentlichkeit gehen. Er will seine Freunde vor dem „Fraß" bewahren. Das sieht er als seine Aufgabe und Verpflichtung an. So kommt es am Ende zu einer plötzlichen Wendung des Konfikts, mit der der Leser nicht rechnet.

Das Buch „Duplik Jonas 7" gehört meiner Meinung nach auf die Liste zur Literaturempfehlung, da es die aktuellen Themen Genmanipulation sowie Klonen von Tieren und Menschen kritisch aufgreift. Hier wird ein Szenarium entworfen, das in naher Zukunft Wirklichkeit werden könnte. Die Gentechnologie – und damit die mögliche Veränderung menschlicher Erbanlagen – macht rasante Fortschritte. Die damit verbundenen Gefahren sind jedoch noch weitgehend unbekannt. Wissenschaftler haben bereits Tiere geklont. Ab jetzt ist es nur ein kleiner Schritt, menschliche Duplikate herzustellen. Technisch ist dies wohl schon möglich. Eine Realisierung scheitert zwar noch an moralischen Bedenken, doch können diese irgendwann an irgendeinem Ort der Erde über Bord geworfen werden. Mit dem Argument, unheilbare Krankheiten heilen zu wollen, könnten – wie im Buchtext beschrieben – menschliche Ersatzteillager gezüchtet werden, deren Funktion nur die Zulieferung von Organen ist, wenn diese benötigt werden. Dass die „Lieferanten" selbst Menschen sind, wird dann leicht übersehen. Der Roman ist ein wichtiger Diskussionsbeitrag, der zum Nachdenken über ethische Fragen anregt, und ein Plädoyer für Menschenrechte. Die Autorin warnt eindringlich davor, die Grundrechte des Individuums zu verletzen. Schluss

Wichtig

Der Inhalt des folgenden Kapitels 2 bezieht sich ebenfalls auf den Roman „Duplik Jonas 7". Grundlage ist jedoch ein anderes Kapitel, auch die Aufgabenstellung ist völlig unterschiedlich.

Inzwischen hast du das Buch von Birgit Rabisch sicher gelesen; somit kannst du gespannt sein, wie eine weitere Aufgabe aus dem gleichen Themenkreis aussieht.

2 Birgit Rabisch: *Duplik Jonas 7* Interpretation in Form einer Rollenbiografie

Stell dir vor, du bist Jonas 7 und wirst in Zukunft dein Leben unter völlig veränderten Umständen verbringen als vorher. Erläutere anhand des Textes und der folgenden Fragestellungen in Form einer Rollenbiografie, wie du dazu stehst.

- Lies das Kapitel „Das Licht“ und beschreibe, wie du dich nach der Augentransplantation fühlst.
- Was möchtest du den „Menschen“ von deinen Erfahrungen als Duplik mitteilen?
- In welcher Beziehung stehst du zu deinem Zwilling Jonas Helcken, seiner Schwester Ilka und zum Vater der beiden?
- Was würdest du in der „Menschenwelt“ ändern wollen? Begründe deine Gedanken.
- Welche Wünsche und Vorstellungen hast du für deine persönliche Zukunft – auch im Hinblick auf Wissenschaft und Forschung?

Das Licht

Ich sehe!

Was ich sehe – einen Schrank, eine Tür, ein Infusionsgerät, einen Blumenstrauß, meine Hände – ist unwichtig. Wie ich sehe – das retransplantierte Auge hat vierzig Prozent seiner Sehschärfe verloren, zum Lesen brauche ich eine Lupe – ist unwichtig. Ich sehe! Nur das zählt. Ich könnte auch sagen: Ich lebe. Für mich ist es fast dasselbe.

Professor Jaffle sagt, viele Blinde führen ein befriedigendes und erfülltes Leben. Am einfachsten haben es allerdings diejenigen, die blind geboren sind. Wer gesehen hat, braucht lange, um den Verlust zu verschmerzen. Nicht umsonst ist Finsternis eine Metapher für Tod, und das Licht symbolisiert das Leben.

Für mich *ist* das Licht das Leben. Ich *bin* neu geboren.

Gestern habe ich ihn gesehen. Der mich getötet hat. Der mir das neue Leben geschenkt hat. Den Menschen Jonas. Er setzte sich zu mir aufs Bett. Wir haben uns angesehen mit unseren rechten Augen. Er fing an zu zittern. Ich habe meinen Arm um ihn gelegt und meinen Kopf an seinen Rücken.

Als er sich beruhigt hatte, löste er sich von mir, sah mich wieder an und sagte: „Bruder".

Für mich bedeutet dieses Wort nichts. Aber wenn ich Ilkas Erklärungen richtig im Gedächtnis habe, ist ein Bruder für einen Menschen so etwas Ähnliches wie für einen Duplik die Mitglieder seines Kleeblatts. Ich wusste nicht, was ich antworten sollte.

Es war so merkwürdig, ihn anzusehen, ein aus dem Spiegel herausgetretenes Bild. Ich hasste ihn nicht mehr. Aber ich liebte ihn auch nicht. Er tat mir leid.

Da ich nichts sagte, ergriff er meine Hand.

„Unsere Lebenswege haben sich gekreuzt, aber in wenigen Tagen werden sie sich wieder trennen. Ich habe heute Vormittag zwei Reporter empfangen. Meine Einäugigkeit ist damit öffentlich. Außerdem habe ich erzählt, dass ich zum Erholungsurlaub nach Kalkutta fliegen werde. Deiner Reise nach Tibet steht nichts mehr im Wege, sobald du dich von der Operation erholt hast. Du wirst dich in Kalkutta in einem kleinen Hotel einmieten, in dem sonst nur Asiaten verkehren. Es wird dir also nicht schwer fallen, einen Voyeur auszumachen und abzuschütteln. Achte schon im Flugzeug auf die Leute! Ich glaube allerdings, dass sie dich nur bis zum Flughafen observieren werden. Langsam müssen sie ihren Verdacht, ich könnte was mit deiner Entführung zu tun haben, ja mal fallen lassen."

Jonas kicherte, fuhr aber ernst fort: „Von Kalkutta aus musst du dich mit der Bahn nach Chengtu, von dort mit dem Flugzeug nach Lhasa und dann mit dem Bus nach Nehtang durchschlagen. Traust du dir das zu?"

„Ja. Professor Jaffle hat mir schon Stadtpläne, Landkarten, eine konvertible Geldkarte und einen Taschencomp mit den wichtigsten Verkehrsverbindungen besorgt."

„Na ja, auf dem Kontinent kann man sich nicht darauf verlassen, dass irgendein Fahrplan eingehalten wird. Diese Pläne sind nicht den Chip wert, auf dem sie gespeichert sind."

„Ich werde schon zurechtkommen. Wo ist Ilka jetzt?"

„Ich nehme an, sie hält sich weiter in Bernds Wohnung versteckt. Hast du dich gut mit ihr verstanden?"

„Gut verstanden? Ich weiß nicht. Sie war eine Stimme, die viel auf mich eingeredet hat. Ich sollte mit ihr gemeinsam vor die Kamera treten. Ich sollte nicht nur an mich denken, sondern für die Freiheit aller Dupliks kämpfen. Aber – ich wollte nicht blind ins offene Messer rennen."

„Das verstehe ich vollkommen."

Ich war sicher, dass er meinen letzten Satz nicht so verstanden hatte, wie ich ihn meinte, aber das war gut so.

„Du brauchst dir keine Sorgen mehr zu machen. In Tibet bist du in Sicherheit. Dein Flug ist schon gebucht. Nur noch drei Tage.

Nur an eins musst du bitte denken: Gleich wenn du in Kalkutta angekommen bist, schickst du mir meine Genkarte zurück. Wenn ich ohne sie bei einer Kontrolle erwischt werde, verhackstücken sie mich noch als meinen eigenen Duplik."

Jonas' Lachen wirkte unecht auf mich. Ich beruhigte ihn: „Ich gelte offiziell doch immer noch als blind. Deine Einäugigkeit müsste dich also als den Menschen Jonas Helcken ausweisen. Aber natürlich werde ich die Genkarte zurückschicken. Sicher ist sicher."

Er hat mich dann noch ausgefragt über mein Leben im Hort, was ich empfunden habe, als man mir die Augen wegnahm, ob ich wirklich an den Fraß geglaubt hätte. Ich habe mich bemüht,ihm auf alles eine ehrliche Antwort zu geben. Schließlich waren wir beide erschöpft und er verließ mich. Mir schien, dass er glücklich war.

Jetzt stehe ich am Fenster und schaue auf den Klinikpark. Dieses Grün! Unfassbar! Ich kann mich nicht daran satt sehen.

Drei Tage noch. Tibet. Er hat mir Fotos gezeigt. Mir aus einem Buch vorgelesen. Mir Medikamente gegen die dünne Luft gegeben. Dort zu leben ...!

Janina hat mir das Essen gebracht. Sie lächelt, als ich das Fleisch zur Seite schiebe. Ich bin immer ganz verwirrt, wenn sie lächelt. Ihre grünen Augen leuchten dann, sie kräuselt die Nase und manchmal fährt ihre Zunge spielerisch über ihre Lippen. Sie ist die einzige Frau, die ich bisher außerhalb des Hortes gesehen habe; und sie ist so ganz anders als unsere Hortnerinnen. Sie trägt keinen Kittel, sondern eine enge Hose und eine Art Hemd, Kleidungsstücke, wie auch wir Dupliks sie anhaben. Auch ihr Gesicht ist anders – irgendwie weicher, lebendiger ... mir fehlen die Worte. Wenn sie mit mir spricht, schaut sie mich fast zärtlich an. Ein Blick, der mich an Dada Mirdal erinnert.

Sie hat mir Zeitschriften gebracht, in denen über mich geschrieben worden ist. Das hat mich gar nicht so interessiert, denn vieles hatte sie mir schon vorgelesen. Aber die Fotos! In einer Zeitschrift war eine Frau abgebildet – ohne Kleidung! Jetzt weiß ich, dass die Breite ihrer Brust durch zwei halbkugelartige Gebilde zu Stande kommt, an deren Kuppeln stark vergrößerte Brustwarzen sitzen. Und wo bei uns der Penis ist, haben sie nur Haare.

„Womit pinkelt ihr Frauen?“, habe ich Janina gefragt und sie hat zu einer langen, völlig unverständlichen Erklärung angesetzt.

„Regt sich bei dir denn nichts, wenn du das Foto anguckst?“, hat Janina gefragt.

Ich wusste nicht, was ich antworten sollte. Ja, aber was ist das? Ein seltsames Gefühl … so ähnlich wie vor Hannes’ Ankunft … und doch wieder anders.

Ich bin einmal nachts aufgewacht und mein Bett war feucht. Zuerst dachte ich, ich hätte ins Bett gepinkelt. Aber es war ein klebriges, durchsichtiges Zeug. Aus Ilkas Vorwarnungen wusste ich: Sperma! Meine Hormonproduktion ist also in Gang gekommen, weil ich keine Spritzen mehr dagegen bekomme. Liegt es vielleicht daran, dass ich Janina so anders wahrnehme als die Frauen im Hort?

Janina hat mir auch andere Bilder gezeigt … Fotos aus Afrika. Dort gibt es sehr seltsame Menschen. Manche haben eine fast schwarze Haut. Und einer war ganz behaart.

„Das ist doch ein Affe!“, hat Janina gelacht. Ich werde noch viel lernen müssen.

Sie hat auch gesagt: „Immer wieder hat es in der Geschichte Menschen gegeben, die von den anderen zu Nicht-Menschen erklärt wurden. Für die alten Griechen waren alle außer ihnen Barbaren, und Barbar heißt: Nicht-Mensch. Die Weißen, das sind alle Menschen, die so aussehen wie wir, haben dann alle Schwarzen für Nicht-Menschen gehalten. Sie haben Millionen Schwarze ermordet und die restlichen als Sklaven, als Arbeitstiere gehalten. Heute gilt das als barbarisch. Aber jetzt seid ihr Dupliks die Nicht-Menschen.“

„Und in Afrika, da leben also die Schwarzen und die Griechen?“

„Ah … das mit den Griechen ist nicht mehr so aktuell.“

Und wieder hat sie gelacht und mein Herz ganz wund gemacht.

Genauso fühlt es sich an, wenn ich an mein Kleeblatt denke, an Tim, Jan und Martin und an den kleinen Hannes.
Ob Hannes schon laufen kann?
Ob sie im Hort irgendetwas von den Ereignissen mitgekriegt haben? Frau Dr. Hellmann ist weg. Aber sie werden keine Ahnung haben, warum. Was haben die Frauen ihnen über mich erzählt? Sicher, dass ich gestorben bin. Aber wie haben sie erklärt, dass es keine Abschiedszeremonie gegeben hat? Oder hat es sie gegeben? Vor einem leeren Sarg? Sicher trauert mein Kleeblatt noch um mich. Ach, ihr Lieben. Wenn ihr wüsstet! Aber ich vergesse euch nicht. Solange ich lebe, vergesse ich euch nicht. Vier sind eins. Für mich stimmt es. Noch drei Tage. Drei Tage noch.

Wichtig

Lies die Aufgabenstellung in Ruhe durch. Die Struktur deines Aufsatzes ist durch die Fragen vorgegeben. In welcher Reihenfolge du sie beantwortest, bleibt dir überlassen. Wichtig ist, dass dein Aufsatz einen sinnvollen und „runden" Text ergibt. Zur Lösung der Aufgabe musst du natürlich das Buch „Duplik Jonas 7" gelesen haben. Wenn du außerdem das vorherige Kapitel in diesem Buch durchgearbeitet hast, dürftest du jetzt keine Probleme haben.

Der zentrale Begriff der Aufgabenstellung ist das Wort „Rollenbiografie". Du sollst also in die Rolle von Jonas 7 schlüpfen und aus der Ich-Perspektive schreiben. Es muss dir gelingen, dem Leser deines Aufsatzes das Denken, Fühlen und Handeln von Duplik Jonas 7 näherzubringen. Was du nicht der Textvorlage entnehmen kannst, darfst du im Gegensatz zu anderen Aufsatzarten frei ergänzen, sodass deine Äußerungen und Gedanken in den gesamten Aufsatz – aber auch zur Buchvorlage – passen. Zitate aus dem Originaltext entfallen, da du die literarische Figur beim Schreiben selbst verkörperst. Deine Aufgabe ist sehr kreativ, denn du wirst hier aus der Sicht einer literarischen Figur selbst zum Autor/zur Autorin.

18. Schau dir die einzelnen Punkte der Aufgabenstellung an und lies dann den Text noch zweimal durch. Markiere dabei wichtige Stellen und mach dir Notizen auf den Zeilen.

① Meine Gefühle nach der Augentransplantation:

② Was ich den Menschen über meine Erfahrungen als Duplik mitteile:

③ Meine Beziehung zu Jonas Helcken, Ilka und ihrem Vater:

④ Was ich in der „Menschenwelt“ ändern will:

⑤ Wünsche und Vorstellungen für die Zukunft:

Hier als Beispiele einige Stichwörter, die du notiert haben könntest:

① Ich kann wieder sehen. – Ich habe mich danach gesehnt, wieder sehen zu können. – Dunkelheit bedeutet Tod und Licht das Leben. – Ich fühle mich wie neugeboren. – Ich nehme die Dinge viel bewusster wahr. – Ich habe sehr unter dem Verlust meines Augenlichtes gelitten. – Ich sehe die Menschenwelt, die Welt meiner Mörder. – Ich kann nicht zurück in den Hort, weil sie denken, ich sei tot; das macht mich traurig. – Jonas Helcken gab mir ein Auge zurück; er erwartete Dankbarkeit. Wofür? – Ich denke über den Schwindel mit der Krankheit „Fraß“ nach. – Ich habe Angst um meine Freunde.

② Dupliks haben Gefühle, fühlen sich aber nicht unbedingt als Menschen. – Dupliks sind keine gefährlichen, unberechenbaren Wesen. – Menschen sollen keine Dupliks produzieren und den vorhandenen Dupliks die Freiheit schenken. – Dupliks sind in der Menschenwelt nicht überlebensfähig, weil sie die Regeln dort nicht kennen. – Dupliks vermissen das Gemeinschaftsgefühl in der Menschenwelt. – Wir Dupliks brauchen Geborgenheit und Sicherheit; Menschen können dieses Gefühl untereinander nicht entwickeln. – Was Sexualität bedeutet, empfinde ich noch nicht.

③ Jonas Helcken: Ich weiß nicht, was ich von ihm halten soll. – Er sorgt sich um mich. Warum? Will er sein Gewissen beruhigen? – Hat er echte Gefühle für mich, seinen Bruder?
Ilka: Ich habe ein Problem damit, Ilka als meine Schwester zu akzeptieren. – Sie wollte mich für ihre Ziele opfern; das ist ebenfalls Missbrauch, so wie die Duplikhaltung. – Ilka verkörpert den typischen Menschen; sie will, dass alle Dupliks in die Menschenwelt integriert werden.
Herr Helcken: Er ist mein Hersteller. – Ich habe zu ihm keine Beziehung. – Ich habe Angst vor ihm und verspüre Abscheu. – Er sieht uns Dupliks als Schlachttiere, die weder Gefühle haben noch denken können. – Ich möchte meinen Hersteller nicht kennenlernen.

④ Ich will das Bild der Menschen von den Dupliks korrigieren. – Die Öffentlichkeit muss Informationen zu Wissenschaft und Forschung erhalten, um bei Bedarf eingreifen zu können. – Wissenschaftler sollen Therapien für unbekannte Krankheiten entwickeln. – Die Forschung soll Sorge dafür tragen, dass die Welt für alle Menschen lebenswert ist (Schöpfungsgedanke!).

⑤ Die Menschen sollen mehr Verständnis füreinander aufbringen. – Menschen können sich durch Fortschritt und Wissenschaft weiterentwickeln. Voraussetzung dafür: Gesetze und Regeln einhalten (Bewahrung der Schöpfung), ansonsten ist die Vernichtung der Menschheit vorprogrammiert. – Ich muss mein Leben aktiv in die Hand nehmen. – Meine Lebensaufgabe: Aufklärung der Menschheit über uns Dupliks und lebenslanger Schutz meiner Freunde. – Ich will eine Familie gründen, lieben und geliebt werden.

Das Schreiben des Aufsatzes

Wichtig

Bevor du beginnst, den Aufsatz auszuformulieren, solltest du noch einmal überprüfen, ob deine Notizen Sinn machen, welche Punkte du ergänzen und möglicherweise inhaltlich miteinander verbinden kannst.

Da die Rollenbiografie als kreative Aufsatzform aus dem Rahmen einer üblichen Interpretation herausfällt, brauchst du hier auch nicht die gewohnte Einleitung mit den entsprechenden Angaben zu schreiben.

Wenn du die Stichworte auf deinem Notizzettel geprüft und gegebenenfalls ergänzt hast, dann kannst du jetzt mit dem Aufsatz loslegen. Denke dabei immer an die Aufgabenstellung (siehe Seite 74) und vor allem daran, dass du den gesamten Aufsatz aus der Sicht der Figur Duplik Jonas 7 und somit in der Ich-Form schreiben sollst.

Versuche es zunächst selbst. Vergleiche anschließend deinen Vorschlag mit dem folgenden Beispiel.

Aufsatzbeispiel

Ich liege hier im Krankenhaus und kann endlich wieder sehen. Ich kann sehen! Es ist zwar kein Vergleich zu vorher, aber ich sehe! Wie sehr habe ich mich danach gesehnt, wieder sehen zu können. Es war schrecklich, so lange in Finsternis zu leben. So etwas wünsche ich niemandem. Endlich ist die Dunkelheit vorbei, die für mich wie der Tod war. Licht bedeutet Leben. Ich fühle mich wie neugeboren. Ich kann mich gar nicht sattsehen am Grün des Klinikparks. Und all die anderen Dinge nehme ich viel bewusster wahr als vorher. Erst jetzt wird mir klar, wie sehr ich unter dem Verlust meines Augenlichtes gelitten habe, wie depressiv ich war. Nun sehe ich wieder und deshalb lebe ich wieder!

Es ist ganz schön schwer, die Gedanken neu zu ordnen. Das alles hier gehört also zur Menschenwelt. Von ihrer Existenz habe ich bislang nichts gewusst. Das ist gewissermaßen die Welt meiner Mörder. Wie gern wäre ich in diesem Augenblick im Hort bei meinem Kleeblatt, bei meinen Freunden. Sie aber denken, ich sei tot, deshalb kann ich nie mehr dorthin zurück. Das macht mich trotz aller Freude über mein zurückgewonnenes Augenlicht sehr traurig.

Jonas Helcken, mein Zwillingsbruder, tötete mich und erweckte mich wieder zum Leben, indem er mir ein Auge zurückgab. Ich bin mir nicht sicher, aber ich glaube, dass er dafür Dankbarkeit von mir erwartet. Aber wofür? Ich weiß nicht, wie ich mich ihm gegenüber verhalten soll. Eigentlich muss er froh sein, weil ich nicht beide Augen von ihm zurückgefordert habe. Ich sehe jetzt die passenden Gesichter zu den Stimmen, die ich vorher nur hörte und keiner konkreten Person zuordnen konnte. Jonas Helcken ist mein genaues Spiegelbild. Er war vor einer Weile bei mir und fragte mich über mein Dasein im Hort aus. Ich antwortete ihm zwar, aber erst jetzt habe ich Zeit, genauer über seine Fragen nachzudenken. Über den ganzen Schwindel der Betreuer im Hort und über die Krankheit. Sie haben uns mit einer lächerlichen Erklärung getäuscht, verstümmelt und getötet. Wahnsinn! Und die Menschen wollen auch weiterhin uns Dupliks opfern. Ich habe Angst um meine Freunde. Aber was kann ich tun?

Den Menschen in dieser Welt müsste man klarmachen, dass wir Dupliks durchaus Gefühle haben. Ich fühle mich nicht als Mensch, so wie sie, aber wir Dupliks sind auf gar keinen Fall gefährliche, unberechenbare Wesen. Die Menschen müssen Einsicht zeigen und dürfen keine Dupliks mehr produzieren. Sie sollen die Horte uns überlassen und uns auf unsere Weise leben lassen.

Wir könnten niemals in der Menschenwelt leben. Im Hort leben wir in Kleeblättern zusammen. Mit vier Dupliks teilen wir uns eine Wohnung. Wir sind Freunde, halten zusammen und sind glücklich, trotz der ganzen Untersuchungen und des Gesundheitstrainings, dem wir uns unterziehen müssen. In der Menschenwelt vermisse ich die Gemeinschaft, die es im Hort gibt. Die Nähe ist es, die mir hier draußen fehlt. Als Jonas Helcken mich besuchte, sagte er zu mir „Bruder". Ich weiß nicht, was das Wort bedeutet. Aber ich vermute, dass es so etwas Ähnliches wie mein Kleeblatt im Hort ist. Meine Freunde geben mir Sicherheit und Geborgenheit. Zu den Menschen dagegen spüre ich keine Verbindung.

Unsere Hormonproduktion wird im Hort durch Spritzen unterbunden. In der Menschenwelt spricht man von Sexualität. Ich kann mir noch nichts Genaues unter diesem Begriff vorstellen. Allerdings fühle ich mich sehr wohl, wenn Janina bei mir ist. Dieses Gefühl ist völlig neu. Ein Gefühl, das ich im Hort noch nie erlebt habe. Kein Mensch außerhalb des Hortes hatte vorher so eine Wirkung auf mich. Das ist, glaube ich, der einzige Unterschied zwischen mir und meinem Bruder. Selbst dieser Unterschied ist nun beseitigt, da ich keine Spritzen mehr bekomme.

Jonas Helcken will nicht, dass mir etwas passiert. Das schließe ich aus all dem, was er für mich getan hat. Ich frage mich: Macht er das nur, um sein Gewissen zu erleichtern oder liegt ihm wirklich etwas an mir? Eigentlich verstehe ich mich ganz gut mit ihm, aber da steht meine Skepsis den Menschen gegenüber zwischen uns. Jonas zeigt Gefühle mir gegenüber, die ich nicht gewohnt bin und die ich auch nicht verstehe. Wir kennen uns doch eigentlich gar nicht richtig, aber er tut so, als wenn er mich nach langer Zeit wiedersehen würde. Er ist eben ein Mensch, und in seiner Welt denkt man anders.

Mit Ilka, seiner Schwester, habe ich so meine Probleme. Vor allem dann, wenn mir bewusst wird, dass sie eigentlich auch meine Schwester ist. Zuerst habe ich sie nur als Stimme wahrgenommen. Sie hat viel auf mich eingeredet. Für sie bin ich nur ein Mittel zum Zweck. Ist das nicht auch Missbrauch? Selbst wenn sie gegen die Duplikhaltung kämpft: Sie verfolgt ihre Ziele mit menschlichen Machtmitteln. Bei ihr spüre ich die Kälte, Leere und Einsamkeit der Menschenwelt. Gleichzeitig bemerke ich, dass ich mich inzwischen mehr und mehr an diese Welt gewöhne. Das will ich nicht! Das ist gefährlich! Wenn es nach Ilka ginge, sollten die Dupliks in die Menschenwelt integriert werden. Wie soll das funktionieren? Wir wären in der Menschenwelt verloren. Wir sind ihr nicht gewachsen. Wir kennen ihre Regeln nicht.

Herrn Helcken, meinen Hersteller und Vater, mag ich nicht. Er glaubt, dass ich nicht mehr bin als ein Tier, das man ausschlachten kann. Er ist davon überzeugt, dass ich weder denken noch fühlen kann. Ilka schilderte mir die Meinung ihres Vaters und erklärte mir, dass die meisten Menschen so denken würden. Ich frage mich: Wie können die Menschen solch eine Einstellung uns gegenüber haben, ohne uns persönlich zu kennen? Schließlich sind wir doch ihre Spiegelbilder! Was würde sich ändern, wenn sie uns begegnen würden? Für mich ist Herr Helcken eine selbstsüchtige Person, die ich nie kennenlernen möchte. Allerdings macht es mich sehr traurig, dass die meisten Menschen so denken wie mein Hersteller, und dass sie uns Dupliks für ihre eigene Gesundheit opfern. Wie können sie das nur tun!

Die Öffentlichkeit muss mehr erfahren. Über uns Dupliks wurde ihnen nur sehr wenig berichtet oder sie erhielten falsche Angaben, sodass sie teilweise richtig Angst vor uns haben. Die Menschen sind auch untereinander distanziert, anders als wir Dupliks. Sie erfinden Wörter, die sich ganz harmlos anhören, aber eigentlich ziemlich Schreckliches beinhalten, etwa der Begriff „Entnahme" für die Geburt eines Dupliks. Diese Sprache wird verwendet, um die Menschen von den Dupliks bewusst abzugrenzen. Sie wollen uns gegenüber keine Gefühle entwickeln. Ansonsten wäre es nicht mehr möglich, uns als lebendes Ersatzteillager zu verwenden. Die Wissenschaft hat jede Chance genutzt, um uns als gefühllose Körper darzustellen. Ich frage mich oft, wie es sich in der Zukunft entwickeln wird und wie es in der Vergangenheit war.

Ich habe in der Zeit, in der ich jetzt außerhalb des Hortes lebe, einen Menschen kennengelernt, der durch einen Unfall ebenfalls sein Augenlicht verloren hat. Er hat sein Leben aktiv in die Hand genommen und sich der Situation gestellt, anstatt alle Hoffnung zu verlieren. Ich denke, das muss auch ich tun, mich der Situation in der Menschenwelt stellen und mich fragen, wie es weitergehen soll. Und ich muss etwas für meine Freunde tun. Ich will nicht, dass sie durch den angeblichen „Fraß" verstümmelt werden oder gar ihr Leben verlieren. Am liebsten würde ich die Zeit zurückdrehen, alles ungeschehen machen. Die Duplikproduktion dürfte es nie gegeben haben. Aber sie ist nun einmal Realität. Ich hoffe nur, dass die Menschen sich besinnen. Ich muss alles versuchen, um die anderen Dupliks vor einem schrecklichen Schicksal zu bewahren. Das bin ich meinen Freunden schuldig.

Aber werde ich meine Freunde wiedersehen? Ich fürchte, ich habe etwas sehr Wertvolles verloren. Andererseits kann ich meine Erfahrungen in der Menschenwelt nutzen. Ich muss beweisen, dass wir Dupliks auch Menschen sind. Ich will leben, vielleicht selbst eine Familie, mein eigenes Kleeblatt, gründen. Und vielleicht finde ich ja, wonach ich suche: zu lieben und geliebt zu werden.

3 Erich Maria Remarque: *Im Westen nichts Neues* Interpretation

Interpretiere das folgende Kapitel aus Erich Maria Remarques Roman „Im Westen nichts Neues", indem du
- das Verhalten Paul Bäumers untersuchst,
- daraus die angesprochene Problematik und
- die mögliche Wirkungsabsicht erschließ.

Untersuche, wie das Kapitel sich in den Roman einfügt. Schreibe einen zusammenhängenden Aufsatz, in dem du auf alle Fragestellungen eingehst.

Das Schweigen dehnt sich. Ich spreche und muss sprechen. So rede ich ihn an und sage es ihm. „Kamerad, ich wollte dich nicht töten. Sprängst du noch einmal hier hinein, ich täte es nicht, wenn auch du vernünftig wärest. Aber du warst mir vorher nur ein Gedanke, eine Kombination, die in meinem Gehirn lebte und einen Entschluss hervorrief – diese Kombination habe ich erstochen. Jetzt sehe ich erst, dass du ein Mensch bist wie ich. Ich habe gedacht an deine Handgranaten, an dein Bajonett und deine Waffen – jetzt sehe ich deine Frau und dein Gesicht und das Gemeinsame. Vergib mir, Kamerad! Wir sehen es immer zu spät. Warum sagt man uns nicht immer wieder, dass ihr ebenso arme Hunde seid wie wir, dass eure Mütter sich ebenso ängstigen wie unsere und dass wir die gleiche Furcht vor dem Tode haben und das gleiche Sterben und den gleichen Schmerz –. Vergib mir, Kamerad, wie konntest du mein Feind sein. Wenn wir diese Waffen und diese Uniform fortwerfen, könntest du ebenso mein Bruder sein wie Kat und Albert. Nimm zwanzig Jahre von mir, Kamerad, und stehe auf – nimm mehr, denn ich weiß nicht, was ich damit beginnen soll."

Es ist still, die Front ist ruhig bis auf das Gewehrgeknatter. Die Kugeln liegen dicht, es wird nicht planlos geschossen, sondern auf allen Seiten scharf gezielt. Ich kann nicht hinaus.

„Ich will deiner Frau schreiben", sage ich hastig zu dem Toten, „ich will ihr schreiben, sie soll es durch mich erfahren, ich will ihr alles sagen, was ich dir sage, sie soll nicht leiden, ich will ihr helfen und deinen Eltern auch und deinem Kinde –"

Seine Uniform steht noch halb offen. Die Brieftasche ist leicht zu finden. Aber ich zögere, sie zu öffnen. In ihr ist das Buch mit seinem Namen. Solange ich seinen Namen nicht weiß, kann ich ihn vielleicht noch vergessen, die Zeit wird es tilgen, dieses Bild. Sein Name aber ist ein Nagel, der in mir eingeschlagen wird und nie mehr herauszubringen ist. Er hat die Kraft, alles immer wieder zurückzurufen, er wird stets wiederkommen und vor mich hintreten können.

Ohne Entschluss halte ich die Brieftasche in der Hand. Sie entfällt mir und öffnet sich. Einige Bilder und Briefe fallen heraus. Ich sammle sie auf und will sie wieder hineinpacken, aber der Druck, unter dem ich stehe, die ganze ungewisse Lage, der Hunger, die Gefahr, diese Stunden mit dem Toten haben mich verzweifelt gemacht, ich will die Auflösung beschleunigen und die Quälerei verstärken und enden, wie man eine unerträglich schmerzende Hand gegen einen Baum schmettert, ganz gleich, was wird.

Es sind Bilder einer Frau und eines kleinen Mädchens, schmale Amateurfotografien vor einer Efeuwand. Neben ihnen stecken Briefe. Ich nehme sie heraus und versuche sie zu lesen. Das meiste verstehe ich nicht, es ist schlecht zu entziffern, und ich kann nur wenig Französisch. Aber jedes Wort, das ich übersetze, dringt mir wie ein Schuss in die Brust – wie ein Stich in die Brust –

Mein Kopf ist völlig überreizt. Aber so viel begreife ich noch, dass ich diesen Leuten nie schreiben darf, wie ich es dachte vorhin.

Unmöglich. Ich sehe die Bilder noch einmal an; es sind keine reichen Leute. Ich könnte ihnen ohne Namen Geld schicken, wenn ich später etwas verdiene. Daran klammere ich mich, das ist ein kleiner Halt wenigstens. Dieser Tote ist mit meinem Leben verbunden, deshalb muss ich alles tun und versprechen, um mich zu retten; ich gelobe blindlings, dass ich nur für ihn da sein will und seine Familie, – mit nassen Lippen rede ich auf ihn ein, und ganz tief in mir sitzt dabei die Hoffnung, dass ich mich dadurch freikaufe und vielleicht hier doch noch herauskomme, eine kleine Hinterlist, dass man nachher immer noch erst einmal sehen könne. Und deshalb schlage ich das Buch auf und lese langsam: Gérard Duval, Typograph.

Ich schreibe die Adresse mit dem Bleistift des Toten auf einen Briefumschlag und schiebe dann plötzlich rasch alles in seinen Rock zurück.

Ich habe den Buchdrucker Gérard Duval getötet. Ich muss Buchdrucker werden, denke ich ganz verwirrt, Buchdrucker werden, Buchdrucker –

Hinweis: Erich Maria Remarque (1898 – 1970) wurde 1916 als Soldat eingezogen und arbeitete nach dem Ersten Weltkrieg als Lehrer, Kaufmann und Journalist, bevor ihm 1929 mit seinem Roman „Im Westen nichts Neues“ der Durchbruch als Schriftsteller gelang. Er lebte ab 1929 im Ausland. Seine Werke wurden von den Nationalsozialisten verboten und 1933 öffentlich verbrannt.

Lies zunächst die Aufgabenstellung sorgfältig durch: Du sollst anhand des Romanauszugs

① das Verhalten Paul Bäumers (= das Ich des Textes),

② die angesprochene Problematik und

③ die mögliche Wirkungsabsicht analysieren.

Schließlich geht es noch darum,

④ das Kapitel in den Gesamtrahmen des Romans einzuordnen.

Um die letzte Frage beantworten zu können, musst du natürlich das Buch „Im Westen nichts Neues" komplett gelesen haben, seinen Aufbau und den Handlungsverlauf genau kennen.

Wichtig

Schreibe die Punkte, die du untersuchen sollst, auf einen Zettel. Lass dabei genügend Platz, damit du beim zweiten und dritten Durchlesen des Textes Notizen machen kannst.

Bei der Interpretation eines Romanausschnitts ist es wichtig, den Auszug in den Gesamtrahmen des Werks einzuordnen. Das geht natürlich nur, wenn du das Buch gut kennst. Bevor du dir dieses Kapitel näher ansiehst und eine Interpretation versuchst, musst du den Roman „Im Westen nichts Neues" zunächst lesen.

Hier ein paar Hinweise zum Inhalt von „Im Westen nichts Neues", die dir Appetit auf die Buchlektüre machen sollen: Der Roman ist 1929 erschienen, also elf Jahre nach dem Ende des Ersten Weltkriegs. Das Buch handelt vom Krieg, ist aber ein Anti-Kriegsbuch. Das bedeutet, dass durch die Beschreibung der Erlebnisse eines Frontsoldaten mit allen Grausamkeiten und Unmenschlichkeiten Anklage gegen den Krieg erhoben wird.

Paul Bäumer, der Protagonist des Romans, ist ein einfacher Soldat, der zusammen mit seinen Klassenkameraden von der Schule direkt auf das Schlachtfeld geschickt wird. Bäumer und seine Freunde sind also sehr jung, als sie mit den Gräueln des Kriegs konfrontiert werden. Zunächst muss er den Drill der Kasernenausbildung über sich ergehen lassen. Trotzdem ist er völlig unvorbereitet, als er es an der Front mit mörderischen Stellungskämpfen, Gasangriffen und vielen Toten zu tun bekommt. Paul Bäumer muss ferner mit dem Tod aller seiner Klassenkameraden fertig werden. Er stirbt schließlich als Letzter dieser Gruppe kurz vor Kriegsende im Oktober 1918 an einem Tag, über den der Heeresbericht lapidar mitteilt, dass von der Front im Westen nichts Neues zu melden sei.

Der Roman „Im Westen nichts Neues“ von Erich Maria Remarque wurde ein Welterfolg und zählt noch heute zu den Klassikern der Anti-Kriegsliteratur. Wenn du das Buch und den Abschnitt, der Grundlage für die Aufgabenstellung ist, gelesen hast, kannst du loslegen. Die Punkte auf deinem Notizzettel sollten so aussehen:

Verhalten Paul Bäumers:

Problematik:

Wirkungsabsicht:

Einordnung des Kapitels in den Roman:

Lies nun den Auszug mindestens noch zweimal durch. Markiere dabei wichtige Stellen und mach dir zu den Fragen Notizen auf deinem Zettel.

Verhalten Paul Bäumers

Aufgrund deiner Kenntnisse des Auszugs und des gesamten Romans weißt du inzwischen, dass Paul Bäumer das Ich des Textes ist, aus dessen Perspektive die Handlung erzählt wird.

19. In welcher Situation befindet sich Paul Bäumer in diesem Romanausschnitt? Was genau ist passiert – und wie verhält sich Bäumer? Schreibe auf die Zeilen.

Paul Bäumer befindet sich unter schwerem Schock: Er hat gerade einen französischen Soldaten erstochen und den qualvollen Tod des Mannes miterlebt. Die Leiche erinnert ihn ständig an seine Tat und Bäumer versucht, sich gedanklich mit seiner Schuld auseinanderzusetzen. Am liebsten würde er alles ungeschehen machen. Bäumer kann nicht weglaufen; er ist mit der Leiche auf engstem Raum gefangen, denn außerhalb des schützenden Erdlochs wird gerade scharf geschossen. Bäumer spricht mit dem Toten, versucht sich zu rechtfertigen und macht das unsinnig erscheinende Angebot, ihm Lebenszeit abzutreten. Aus diesem Vorschlag spricht die pure Verzweiflung, als ob er dadurch den Toten wieder lebendig machen könnte.

Der französische Soldat ist nun aus Bäumers Sicht kein Feind mehr, sondern ein „Kamerad" (Z. 2). Vor dessen Tod war er nur ein „Gedanke" (Z. 4), das heißt, dass der Franzose für Bäumer ein anonymes, bewaffnetes Gegenüber war, weit weg und als Person irgendwie nicht real. Doch jetzt, wo die Leiche des Mannes neben ihm liegt, erkennt Bäumer, dass er ein Mensch ist wie er selbst (vgl. Z. 7), der ein konkretes Gesicht, eine Familie, eine Lebensgeschichte hat. Beide teilen das gleiche Schicksal: „Warum sagt man uns nicht immer wieder, dass ihr ebenso arme Hunde seid wie wir, dass eure Mütter sich ebenso ängstigen wie unsere und dass wir die gleiche Furcht vor dem Tode haben und das gleiche Sterben und den gleichen Schmerz –. Vergib mir, Kamerad, wie konntest du mein Feind sein. Wenn wir diese Waffen und diese Uniform fortwerfen, könntest du ebenso mein Bruder sein wie Kat und Albert" (Z. 10 – 16).

Bäumer bietet dem Toten zunächst an, für dessen Familie zu sorgen und durchsucht die Brieftasche des Franzosen, um sein Opfer besser kennenzulernen. Gleichzeitig hat Bäumer Gewissensbisse, mehr über den Toten zu erfahren. Er findet Briefe auf Französisch, die er teilweise übersetzt, doch jedes übersetzte Wort ist für ihn „wie ein Schuss in die Brust – wie ein Stich in die Brust" (Z. 46). Der Tote war ein einfacher Soldat wie er, hatte eine Familie mit Frau und Tochter. Er erfährt am Ende den Namen und Beruf des Toten (vgl. Z. 59), kommt aber zu der Erkenntnis, dass er mit seiner Schuld nicht leben kann, wenn er eine engere Beziehung zu seinem Opfer und den Hinterbliebenen aufbaut. Er schiebt die Brieftasche in die Jacke des Toten zurück, muss aber künftig mit dem Gedanken leben, dass er den Buchdrucker Gérard Duval getötet hat: Das Opfer ist für Bäumer nicht mehr anonym, sondern ein Individuum mit Namen und Beruf.

Der Textauszug lässt offen, ob Paul Bäumer sein Gefühl der Schuld innerlich verarbeiten kann oder nicht.

Angesprochene Problematik

20. Welche Problematik spricht der Autor hier an?

Die angesprochene Problematik ist die Frage, ob es gerechtfertigt ist, andere Menschen (im Krieg) zu töten. Die Gedanken der Figur Paul Bäumer gehen ausdrücklich in diese Richtung, wenn es heißt, dass ohne Waffen und Uniform die Menschen Brüder sein könnten (vgl. Z. 15f.). Deutlich unterstrichen wird die Aussage durch die Darstellung der Schuldgefühle eines Soldaten (= Paul Bäumer), der getötet hat.

Wirkungsabsicht

21. Welche Wirkung will der Autor mit seinem Text deiner Meinung nach erzielen? Schreibe deine Vorschläge auf die Zeilen.

Die Wirkungsabsicht des Autors ist eine Warnung vor dem Krieg mit all seinen Gräueln und Folgen. Erich Maria Remarque war Soldat während des Ersten Weltkriegs und hat die Ereignisse selbst erlebt. Anhand des dargestellten Einzelschicksals von Paul Bäumer und erzählt aus seiner Perspektive wird dem Leser das Geschehen sehr eindringlich vor Augen geführt.

Den Hinweisen am Ende des abgedruckten Textauszugs (siehe Seite 89) kannst du entnehmen, dass der Roman „Im Westen nichts Neues“ wenige Jahre nach seinem Erscheinen von den Nationalsozialisten verboten wurde. Das kannst du dir sicher leicht erklären: Dieses Anti-Kriegsbuch war mit den Zielen der Nationalsozialisten und ihren diktatorischen Mitteln nicht vereinbar.

Einordnung des Kapitels in den Roman

22. Welche Kenntnisse hast du über den Aufbau des Romans „Im Westen nichts Neues“? Schreibe auf die Zeilen.

Aufgrund deiner Lektüre des gesamten Werks weißt du, dass der Roman aus einzelnen Episoden besteht, die nur lose durch den Ich-Erzähler Paul Bäumer miteinander verbunden sind. Jeder Abschnitt schildert ein typisches Kriegserlebnis.

Die Handlung des Romans ist somit nicht durchgehend. Die einzige Verbindung zwischen den Episoden – die Figur Paul Bäumer – bleibt relativ blass und bietet so jedem Leser Identifikationsmöglichkeiten.

Paul hat als Zivilist Eigenschaften, die zahllose Gymnasiasten seiner Generation besaßen. Er kommt aus einer norddeutschen Kleinstadt, hat einen nationalistisch geprägten Vater, eine kranke Mutter und eine Schwester. Seine Hobbys (das Fangen von Schmetterlingen und das Schreiben) sind ebenfalls nicht ungewöhnlich.

Als Soldat erzählt er zu jedem Thema *ein* Kriegserlebnis. Während des gesamten Romans macht er keine innere Entwicklung durch – er ist einfach nur Soldat und erleidet am Ende des Buches das gleiche Schicksal wie seine Schulkameraden: Er wird erschossen. Der Textausszug der Aufgabe in diesem Kapitel ist allerdings Teil einer inhaltlich zusammenhängenden Kette von Episoden, die das Verbergen im Niemandsland, die Tötung eines Gegners im Zweikampf, die Auseinandersetzung mit der Schuld und das Verdrängen schildert.

Dein Notizzettel könnte jetzt so aussehen:

Verhalten Paul Bäumers:

- Schockzustand nach Tötung eines französischen Soldaten
- Leiche erinnert ihn ständig an seine Tat.
- „Gefangen“ mit dem Toten in einem Erdloch
- Gespräch mit dem Toten (Versuche der Rechtfertigung): Angebot, ihm Lebenszeit abzutreten.
- Erkenntnis: Der Tote ist ein Mensch wie er selbst; beide teilen das gleiche Schicksal; ohne Waffen und Uniform könnte es sein Bruder sein.
- Durchsuchung der Leiche: Gérard Duval, Buchdrucker
- Entschluss, nichts zu unternehmen.

Problematik:

- Tötung von Menschen (im Krieg)
- Persönliche Schuld

Wirkungsabsicht:

- Warnung vor dem Krieg (Gräuel, Folgen); wurde auch so verstanden, daher Verbot des Buches durch die Nationalsozialisten.
- Eindringlichkeit für den Leser durch die Ich-Perspektive

Einordnung des Kapitels in den Roman:

- *Roman besteht aus Einzelepisoden; roter Faden ist nur der Ich-Erzähler Paul Bäumer.*
- *Keine durchgehende Handlung/Entwicklung der Hauptfigur*
- *Kapitel ist typisch für Inhalt und Wirkungsabsicht.*
- *Untypisch: Kapitel gehört zu einer Kette von Episoden.*

Wichtig

Bevor du beginnst, den Aufsatz auszuformulieren, solltest du noch einmal überprüfen, ob deine Notizen eine logische und sinnvolle Reihenfolge ergeben. Die Gliederung ist durch die Aufgabenstellung bereits vorgegeben.

Beachte, dass die Aufgabe aus zwei Hauptteilen besteht. Im ersten Teil geht es darum, das Verhalten Paul Bäumers sowie die angesprochene Problematik und die Wirkungsabsicht zu analysieren. Im zweiten Teil folgt die Einordnung des Kapitels in den Rahmen des Romans, was natürlich deine gute Textkenntnis von „Im Westen nichts Neues" voraussetzt.

Das Schreiben des Aufsatzes

Zunächst brauchst du für deinen Aufsatz eine gelungene Einleitung. Darin solltest du folgende Punkte erwähnen:

- Titel des Textes, Textsorte und Entstehungszeit des Textes
- Name des Autors
- Thema des Textes
- Hinweis auf den ersten Aufgabenblock (als Überleitung)

23. Wie könnte eine Einleitung mit Überleitung zum ersten Aufgabenblock aussehen? Schreibe deinen Vorschlag auf die Zeilen.

Deine Lösung könnte so aussehen:

Einleitung

Der vorliegende Text ist ein Auszug aus dem 1929 erschienenen Roman „Im Westen nichts Neues“ von Erich Maria Remarque. Er schildert als Teil einer längeren Kette von Episoden die Auseinandersetzung des Protagonisten Paul Bäumer mit seiner persönlichen Schuld, nachdem er einen französischen Soldaten getötet hat.

Überleitung

Zunächst sollen das Verhalten Paul Bäumers sowie die angesprochene Problematik und die Wirkungsabsicht des Textes anaylsiert werden.

Wichtig

Wenn du beim zweiten Hauptpunkt der Aufgabe (= Einordnung des Kapitels in den Roman) ankommst, brauchst du wieder eine kurze Überleitung, damit der Leser deines Aufsatzes weiß, worum es im folgenden Abschnitt geht.

24. Wie kannst du eine solche Überleitung in einem einzigen Satz formulieren? Schreibe deinen Vorschlag auf die Zeilen.

Deine Lösung könnte so aussehen:

Überleitung

Das vorliegende Kapitel ist zwar für den Inhalt und die Wirkungsabsicht von Erich Maria Remarques Roman „Im Westen nichts Neues" typisch, fällt aber insofern aus dem Rahmen, als es Teil einer längeren Kette von Episoden ist und dadurch innerhalb der Episodenstruktur des Romans eine Sonderstellung einnimmt.

Nach diesen Vorarbeiten kannst du nun damit beginnen, einen kompletten Aufsatz zu schreiben. Versuche es zunächst selbstständig und vergleiche anschließend deinen Vorschlag mit dem folgenden Beispiel.

Aufsatzbeispiel

Einleitung

Der vorliegende Text ist ein Auszug aus dem 1929 erschienenen Roman „Im Westen nichts Neues" von Erich Maria Remarque. Er schildert als Teil einer längeren Kette von Episoden die Auseinandersetzung des Protagonisten Paul Bäumer mit seiner persönlichen Schuld, nachdem er einen französischen Soldaten getötet hat.

Überleitung

Zunächst sollen das Verhalten Paul Bäumers sowie die angesprochene Problematik und die Wirkungsabsicht des Textes anaylsiert werden.

Hauptteil I

Paul Bäumer steht unter schwerem Schock: Er befindet sich mitten in einem Kriegsgefecht und hat gerade einen französischen Soldaten erstochen. Das qualvolle Sterben des Mannes vor seinen Augen hat ihn stark erschüttert. Am liebsten würde er alles ungeschehen machen und weglaufen, aber er ist mit der Leiche in einem Erdloch auf engstem Raum gefangen. Nach draußen kann er nicht, denn auf dem Schlachtfeld wird scharf geschossen (vgl. Z. 19ff.). Die Leiche erinnert Bäumer ständig an die Schuld, die er mit der Tötung auf sich geladen hat, und mit der er sich gedanklich auseinanderzusetzen beginnt.

Bäumer wendet sich sprechend an die Leiche in dem Versuch, sich zu rechtfertigen. Er macht ihr das unsinnig scheinende Angebot, von seiner eigenen Lebenszeit etwas abzutreten (vgl. Z. 16ff.). Jetzt, da der fremde Soldat tot ist, sieht Bäumer in ihm nicht mehr das anonyme, bewaffnete Gegenüber (als „Gedanke", Z. 4), sondern die ganz reale Person, die ein Mensch ist wie er selbst (vgl. Z. 7). Er bezeichnet sein Opfer als „Kamerad" (Z. 10 und öfter), der ohne Uniform und Waffen sogar sein „Bruder" (Z. 16) sein könnte. Bäumer erkennt, dass beide das gleiche Schicksal teilen und macht die Vorgesetzten verantwortlich: „Warum sagt man uns nicht immer wieder, dass ihr ebenso arme Hunde seid wie wir, dass eure Mütter sich ebenso ängstigen wie unsere und dass wir die gleiche Furcht vor dem Tode haben und das gleiche Sterben und den gleichen Schmerz –. Vergib mir, Kamerad, wie konntest du mein Feind sein"(Z. 10 – 16).

Paul Bäumer bietet dem Toten an, für dessen Familie zu sorgen und durchsucht die Brieftasche des Franzosen. Gleichzeitig hat er Gewissensbisse bei dem Gedanken, dadurch mehr über ihn zu erfahren. Er findet Briefe auf Französisch, die er teilweise übersetzt, doch jedes übersetzte Wort ist für ihn „wie ein Schuss in die Brust – wie ein Stich in die Brust" (Z. 46). Der Tote war ein einfacher Soldat wie er, hatte eine Familie mit Frau und Tochter. Er erfährt am Ende den Namen und Beruf des Toten (vgl. Z. 59), kommt aber zu der Erkenntnis, dass er mit seiner Schuld nicht leben kann, wenn er eine engere Beziehung zu seinem Opfer und den Hinterbliebenen aufbaut. Er schiebt die Brieftasche in die Jacke des Toten zurück, muss aber künftig mit dem Gedanken leben, dass er den Buchdrucker Gérard

Duval getötet hat: Das Opfer ist für Bäumer nicht mehr anonym, sondern ein Individuum mit Namen und Beruf.

Angefangen vom unsinnigen Gespräch mit der Leiche steigert sich die Verwirrung und Verzweiflung Paul Bäumers in dem Kapitel immer mehr, bis er am Ende wie im Fieber von einer Karriere als Buchdrucker zu fantasieren beginnt (vgl. Z. 63ff.). Der Textauszug lässt offen, ob er sein Gefühl der Schuld innerlich verarbeiten kann oder nicht.

Die Problematik, die der Autor mit seinem Text anspricht, ist die Frage, ob es grundsätzlich gerechtfertigt ist, einen Menschen – und sei es im Krieg – zu töten. Die Gedanken der Figur Paul Bäumer gehen ausdrücklich in diese Richtung, wenn es heißt, dass ohne Waffen und Uniform die Menschen Brüder sein könnten (vgl. Z. 15f.). Deutlich unterstrichen wird die Aussage durch die Darstellung der Schuldgefühle des Soldaten Paul Bäumer, der getötet hat. Eine nachträgliche Wiedergutmachung ist nicht möglich; es bleibt, wenn überhaupt, nur das Mittel der gedanklichen Verdrängung.
Diese Feststellung leitet direkt über zur Wirkungsabsicht des Autors. Der Text ist eine Warnung vor dem Krieg mit all seinen Gräueln und Folgen. Erich Maria Remarque war selbst Soldat während des Ersten Weltkriegs und hat die dargestellten Ereignisse sicher in ähnlicher Form erlebt. Anhand des dargestellten Einzelschicksals von Paul Bäumer und erzählt aus seiner Perspektive wird dem Leser das Geschehen sehr eindringlich vor Augen geführt.

Wenige Jahre nach seinem Erscheinen wurde der Roman „Im Westen nichts Neues" von den Nationalsozialisten verboten. Die Erklärung liegt auf der Hand: Dieses Anti-Kriegsbuch war mit den Zielen der Nationalsozialisten und ihren diktatorischen Mitteln nicht vereinbar.

Überleitung

Das vorliegende Kapitel ist zwar für den Inhalt und die Wirkungsabsicht von Erich Maria Remarques Roman „Im Westen nichts Neues" typisch, fällt aber insofern aus dem Rahmen, als es Teil einer längeren Kette von Episoden ist und dadurch innerhalb der Episodenstruktur des Romans eine Sonderstellung einnimmt.

Hauptteil II

Der Roman besteht aus einer Reihe von Episoden, die nur durch den Ich-Erzähler lose miteinander verbunden sind. Jeder Abschnitt schildert ein typisches Kriegserlebnis. Die Handlung ist somit nicht durchgehend. Die einzige Verbindung zwischen den Episoden – die Figur Paul Bäumer – bleibt relativ blass und bietet so jedem Leser Identifikationsmöglichkeiten.

Paul hat als Zivilist Eigenschaften, die zahllose Gymnasiasten seiner Generation besaßen. Er kommt aus einer norddeutschen Kleinstadt, hat einen nationalistisch geprägten Vater, eine kranke Mutter und eine Schwester. Seine Hobbys (das Fangen von Schmetterlingen und das Schreiben) sind ebenfalls nicht ungewöhnlich.

Als Soldat erzählt er zu jedem Thema ein Kriegserlebnis. Während des gesamten Romans macht er keine innere Entwicklung durch – er ist einfach nur Soldat und erleidet am Ende des Buches das gleiche Schicksal wie seine Schulkameraden: Er wird erschossen. Der vorliegende Textauszug ist allerdings Teil einer inhaltlich zusammenhängenden Kette von Episoden, die das Verbergen im Niemandsland, die Tötung eines Gegners im Zweikampf, die Auseinandersetzung mit der Schuld und das Verdrängen schildert.

Schluss/Fazit

„Im Westen nichts Neues" ist eine eindringliche Warnung vor Krieg und leichtfertigem Heldenkult. So ist der Roman nach seinem Erscheinen auch verstanden worden – und genau darin liegt der Grund für das Verbot des Buches im Jahr 1933 durch die Nationalsozialisten, die die junge Generation auf den nächsten Weltkrieg vorbereiten wollten.

D Die Interpretation von Dramen und Gedichten

1 Friedrich Schiller: *Kabale und Liebe*
Interpretation

- Charakterisiere Ferdinand in der vorliegenden dritten Szene des vierten Akts von Friedrich Schillers bürgerlichem Trauerspiel „Kabale und Liebe“.
- Ordne die Szene in den Handlungsverlauf des Dramas ein.
- Ein Sprichwort behauptet: „Eifersucht macht blind“. Erörtere, inwieweit dieses Sprichwort auf diese Szene zutrifft.

HOFMARSCHALL (*ins Zimmer trippelnd*). Sie haben den Wunsch blicken lassen, mein Bester –

FERDINAND (*vor sich hinmurmelnd*). Einem Schurken den Hals zu brechen. (*Laut.*) Marschall, dieser Brief muss Ihnen bei der Parade aus der Tasche gefallen sein – und ich (*mit boshaftem Lachen*) war zum Glück noch der Finder.

HOFMARSCHALL. Sie?

FERDINAND. Durch den lustigsten Zufall. Machen Sie's mit der Allmacht aus.

HOFMARSCHALL. Sie sehen, wie ich erschrecke, Baron.

FERDINAND. Lesen Sie! Lesen Sie! (*Von ihm weggehend.*) Bin ich auch schon zum Liebhaber zu schlecht, vielleicht lass ich mich desto besser als Kuppler an.

Während dass jener liest, tritt er zur Wand und nimmt zwei Pistolen herunter.)

HOFMARSCHALL (*wirft den Brief auf den Tisch und will sich davonmachen*). Verflucht!

FERDINAND (*führt ihn am Arm zurück*). Geduld, lieber Marschall. Die Zeitungen dünken mich angenehm. Ich will meinen Finderlohn haben. (*Hier zeigt er ihm die Pistolen.*)

HOFMARSCHALL (*tritt bestürzt zurück*). Sie werden vernünftig sein, Bester.

FERDINAND (*mit starker, schrecklicher Stimme*). Mehr als zu viel, um einen Schelmen, wie du bist, in jene Welt zu schicken! (*Er dringt ihm die eine Pistole auf, zugleich zieht er sein Schnupftuch.*) Nehmen Sie! Dieses Schnupftuch da fassen Sie! – Ich hab's von der Buhlerin.

HOFMARSCHALL. Über dem Schnupftuch? Rasen Sie? Wohin denken Sie?

FERDINAND. Fass dieses End' an, sag ich. Sonst wirst du ja fehlschießen, Memme! – Wie sie zittert, die Memme! Du solltest Gott danken, Memme, dass du zum erstenmal etwas in deinen Hirnkasten kriegst. (*Hofmarschall macht sich auf die Beine.*) Sachte! Dafür wird gebeten sein. (*Er überholt ihn und riegelt die Tür.*)

HOFMARSCHALL. Auf dem Zimmer, Baron?

FERDINAND. Als ob sich mit dir ein Gang vor den Wall verlohnte? – Schatz, so knallt's desto lauter, und das ist ja doch wohl das erste Geräusch, das du in der Welt machst – Schlag an!

HOFMARSCHALL (*wischt sich die Stirn*). Und sie wollen Ihr kostbares Leben so aussetzen, junger, hoffnungsvoller Mann?

FERDINAND. Schlag an, sag ich. Ich habe nichts mehr in dieser Welt zu tun.

HOFMARSCHALL. Aber ich desto mehr, mein Allervortrefflichster.

FERDINAND. *Du,* Bursche? Was *du*? – Der Notnagel zu sein, wo die *Menschen* sich rar machen? In *einem* Augenblick siebenmal kurz und siebenmal lang zu werden, wie der Schmetterling an der Nadel? Ein Register zu führen über die Stuhlgänge deines Herrn und der Mietgaul seines Witzes zu sein? Ebenso gut, *ich* führe dich wie irgendein seltenes Murmeltier mit mir. Wie ein zahmer Affe sollst du zum Geheul der Verdammten tanzen, apportieren und aufwarten und mit deinen höfischen Künsten die ewige Verzweiflung belustigen.

HOFMARSCHALL. Was Sie befehlen, Herr, wie sie belieben – Nur die Pistolen weg!

FERDINAND. Wie er da steht, der Schmerzenssohn! – Da steht, dem sechsten Schöpfungstag zum Schimpfe! Als wenn ihn ein Tübinger Buchhändler dem Allmächtigen nachgedruckt hätte! – Schade nur, ewig schade für die Unze Gehirn, die so schlecht in diesem undankbaren Schädel wuchert. Diese einzige Unze hätte dem Pavian noch vollends zum Menschen geholfen, da sie jetzt nur einen Bruch von Vernunft macht. – Und mit *diesem* ihr Herz zu teilen? – Ungeheuer! Unverantwortlich! – Einem Kerl, mehr gemacht, von Sünden zu entwöhnen, als dazu anzureizen.

HOFMARSCHALL. Oh! Gott sei ewig Dank! Er wird witzig.

FERDINAND. Ich will ihn gelten lassen. Die Toleranz, die der Raupe schont, soll auch diesem zugutekommen. Man begegnet ihm, zuckt etwa die Achsel, bewundert vielleicht noch die kluge Wirtschaft des Himmels, der auch mit Trebern und Bodensatz noch Kreaturen speist; der dem Raben am Hochgericht und einem Höfling im Schlamme der

Majestäten den Tisch deckt – Zuletzt erstaunt man noch über die große Polizei der Vorsicht, die auch in der Geisterwelt ihre Blindschleichen und Taranteln zur Ausfuhr des Gifts besoldet. – Aber (*indem seine Wut sich erneuert*) an meine Blume soll mir das Ungeziefer nicht kriechen, oder ich will es (*den Marschall fassend und unsanft herumschüttelnd*) so und so und wieder so durcheinanderquetschen.

HOFMARSCHALL (*für sich hinseufzend*). O mein Gott! Wer hier weg wäre! Hundert Meilen von hier, im Bicêtre zu Paris! Nur bei diesem nicht!

FERDINAND. Bube! Wenn sie nicht rein mehr ist? Bube! Wenn du *genossest*, wo ich *anbetete*? (*wütender*) *Schwelgtest*, wo ich einen *Gott* mich fühlte? (*Plötzlich schweigt er, darauf fürchterlich.*) Dir wäre besser, Bube, du flöhest der Hölle zu, als dass dir mein Zorn im Himmel begegnete! – Wie weit kamst du mit dem Mädchen? Bekenne!

HOFMARSCHALL. Lassen Sie mich los. Ich will alles verraten.

FERDINAND. Oh! Es muss reizender sein, mit diesem Mädchen zu *buhlen*, als mit andern noch so *himmlisch* zu schwärmen – Wollte sie ausschweifen, wollte sie, sie könnte den Wert der *Seele* herunterbringen und die Tugend mit der Wollust verfälschen. (*Dem Marschall die Pistole aufs Herz drückend.*) Wie weit kamst du mit ihr? Ich drücke ab, oder bekenne!

HOFMARSCHALL. Es ist nichts – ist ja alles nichts. Haben Sie nur eine Minute Geduld. Sie sind ja betrogen.

FERDINAND. Und daran mahnst du mich, Bösewicht? – Wie weit kamst du mit ihr? Du bist des Todes, oder bekenne!

HOFMARSCHALL. Mon Dieu! Mein Gott! Ich spreche ja – So hören Sie doch nur – Ihr Vater – Ihr eigener, leiblicher Vater –

FERDINAND (*grimmiger*). Hat seine Tochter an dich verkuppelt? Und wie weit kamst du mit ihr? Ich ermorde dich, oder bekenne!

HOFMARSCHALL. Sie rasen. Sie hören nicht. Ich sah sie nie. Ich kenne sie nicht. Ich weiß gar nichts von ihr.

FERDINAND (*zurücktretend*). Du sahst sie nie? Kennst sie nicht? Weißt gar nichts von ihr? – Die Millerin ist *verloren* um deinetwillen, du leugnest sie dreimal in einem Atem hinweg? – Fort, schlechter Kerl. (*Er gibt ihm mit der Pistole einen Streich und stößt ihn aus dem Zimmer.*) Für deinesgleichen ist kein Pulver erfunden!

Hinweis: „Kabale und Liebe", ein bürgerliches Trauerspiel von Friedrich Schiller (1759 – 1805), wurde 1784 uraufgeführt.

Worterklärung: Bicêtre = Irrenanstalt in Paris

Lies zunächst die Aufgabenstellung sorgfältig durch: Du sollst

① in der vorliegenden Szene Ferdinand charakterisieren,

② die Szene in den Handlungsablauf des gesamten Theaterstücks einordnen und

③ überlegen, inwieweit das Sprichwort „Eifersucht macht blind" auf die Szene zutrifft.

Bei der Charakterisierung Ferdinands musst du auf Handlungen, Äußerungen sowie die Entwicklung dieser Figur achten.

Um die zweite Frage beantworten zu können, musst du natürlich das komplette Stück „Kabale und Liebe" gelesen haben, seinen Inhalt und den Handlungsverlauf gut kennen. Du sollst die Szene in das Stück einordnen und deine Einordnung begründen.

Die Argumente zur Erörterung bei der dritten Aufgabe ergeben sich überwiegend aus den Ergebnissen zu Frage 1 und 2. Am besten notierst du auf deinem Notizzettel einige Stichworte und Hinweise auf Textstellen, die dir bei der Bearbeitung der ersten beiden Aufgaben auffallen und die deine Argumente bei Aufgabe 3 stützen.

Wichtig

Schreibe die Punkte, die du untersuchen sollst, auf einen Zettel. Lass dabei genügend Platz, damit du beim zweiten und dritten Durchlesen des Textes Notizen machen kannst.

Bei der Interpretation eines Dramenausschnitts ist es wichtig, den Auszug in den Gesamtrahmen des Werks einzuordnen. Das geht natürlich nur, wenn du das Stück gut kennst. Bevor du dir dieses Kapitel näher ansiehst und eine Interpretation versuchst, musst du das bürgerliche Trauerspiel „Kabale und Liebe“ zunächst lesen.

Wenn du das Theaterstück und den Abschnitt, der Grundlage für die Aufgabenstellung ist, gelesen hast, kannst du loslegen. Die Punkte auf deinem Notizzettel sollten so aussehen:

Ferdinand

Seine Handlungen:

Seine Sprache:

Seine Entwicklung:

Einordnung der Szene in das Drama:

Belege für das Sprichwort „Eifersucht macht blind“:

Lies nun den Auszug mindestens noch zweimal durch. Markiere dabei wichtige Stellen und mach dir zu den Fragen Notizen auf deinem Zettel.

Ferdinands Handlungen

1. Was kannst du aus dem Text über Ferdinands Handlungen herausfinden? Schreibe deine Vorschläge auf die Zeilen.

Ferdinands Handlungen werden von der Verzweiflung über den vermeintlichen Betrug Luises bestimmt. Er kennt den Inhalt des Briefs und ist eifersüchtig auf den Hofmarschall, den er töten will. Den eigenen Tod nimmt er dabei in Kauf, denn er nimmt zwei Pistolen von der Wand herunter (vgl. Regieanweisung Z. 14f.). Er drängt dem Hofmarschall eine Pistole auf (vgl. Z. 24f.) und fordert von ihm ein Duell über dem Schnupftuch. Das bedeutet, dass beide ein Ende des Tuchs in die Hand nehmen und aus dieser Entfernung aufeinander schießen sollen. Es ist klar, dass bei dieser kurzen Distanz keiner von beiden danebenschießen würde.

In seiner Wut schüttelt Ferdinand den Hofmarschall (vgl. Z. 79ff.) und will von ihm ein Geständnis erpressen, indem er ihm eine Pistole aufs Herz drückt (vgl. Z. 95). Zum Schluss stößt er den Hofmarschall aus dem Zimmer (vgl. Z. 111), weil er eine Pistolenkugel zur Tötung dieser feigen Person für reine Verschwendung hält: „Für deinesgleichen ist kein Pulver erfunden" (Z. 111f.).

Der Text macht klar, dass Ferdinands Handlungen vom Schwanken zwischen Wut auf den Hofmarschall und ohnmächtiger Verzweiflung, Luise verloren zu haben, geprägt sind. Sein Verstand und seine Vernunft sind dadurch völlig blockiert.

Ferdinands Sprache

2. Wut und Verzweiflung zeigen sich auch in Ferdinands Sprache. Welche Textstellen fallen dir dabei besonders auf? Schreibe auf die Zeilen.

Ferdinands Äußerungen gehen in die gleiche Richtung wie seine Handlungen und unterstreichen diese nachhaltig. Ist er zu Beginn der Szene noch etwas ironisch, wenn er sagt, dass er „zum Glück" der Finder des Briefs war (vgl. Z. 5f.) und vom Hofmarschall „Finderlohn" (Z. 20) in Form eines Duells verlangt, so steigert sich rasch seine Wut. Er spricht „mit starker, schrecklicher Stimme" (Z. 23) und beschimpft den Hofmarschall als Feigling (vgl. „Memme", Z. 31 und öfter).

Danach dominiert vorübergehend wieder die scheinbare Ironie, die der Hofmarschall als solche missversteht: „Oh! Gott sei ewig Dank! Er wird witzig" (Z. 67). Ferdinands Wut erneuert sich (vgl. Regieanweisung Z. 77) und steigt an, was sich in den Beschimpfungen und Drohungen gegenüber dem Hofmarschall sowie in den Regieanweisungen für seinen Tonfall (z. B. „fürchterlich", Z. 86f. und „grimmiger", Z. 103) zeigt.

Am Ende der Szene jagt Ferdinand in einem letzten wütenden Aufbäumen den Hofmarschall aus dem Zimmer. Der Leser merkt, dass hier seine Wut in Verzweiflung übergeht.

Ferdinands Entwicklung

3. Du hast Ferdinands Handlungen und seine Sprache untersucht. Was kannst du daraus im Bezug auf seine Entwicklung in dieser Szene ableiten?

Die Entwicklung Ferdinands ist das wichtigste Element. Am Anfang der Szene will Ferdinand den Hofmarschall durch ein Duell über dem Schnupftuch töten und dabei selbst sterben.

Die Feigheit des Marschalls steigert seine Wut und er will ihn zum Geständnis bringen, wie weit er mit Luise gekommen ist. Seine rasende Eifersucht verhindert jedoch, dass Ferdinand die Versuche des Hofmarschalls, die Intrige aufzudecken, versteht (vgl. Z. 91 – 102). Dies ist eine Schlüsselstelle und Beleg für das Sprichwort, dass Eifersucht blind macht.

Am Ende der Szene, als die Wut auf den Hofmarschall der Verzweiflung weicht, kündigt Ferdinand an, dass er Luise töten wird: „Die Millerin ist *verloren* (...)“ (Z. 108). Sein ursprüngliches Vorhaben (siehe Beginn der Szene) ist unbedeutend geworden; Ferdinand hat nun ein anderes Ziel.

Einordnung der Szene in das Drama

Das bürgerliche Trauerspiel „Kabale und Liebe“ ist wie ein klassisches Drama aufgebaut. In der schematischen Darstellung sieht das so aus:

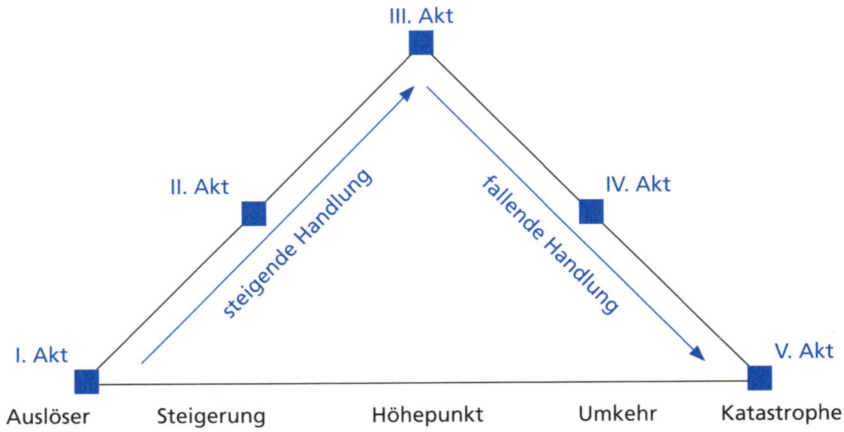

- Der erste Akt beinhaltet den Auslöser des Dramas. Meist handelt es sich dabei um einen Konflikt, der am Anfang eines Geschehens steht.
- Danach, im zweiten Akt, steigt die Handlung (Spannung) an.
- Der Höhepunkt – und gleichzeitig die Wende des Geschehens – ist im dritten Akt platziert.
- Im vierten Akt fällt die Handlung ab. Es geht auf das Ende zu, das häufig noch hinausgezögert wird (= retardierendes/verzögerndes Element).
- Der fünfte Akt bringt das Ende der Handlung: entweder die Lösung des Konflikts oder – im Trauerspiel – die Katastrophe.

Dieses Modell ist direkt auf „Kabale und Liebe“ übertragbar. Der Textausschnitt, um den es in diesem Kapitel geht, stammt aus dem vierten Akt und ist somit Teil der fallenden Handlung, die auf die Katastrophe im fünften Akt zustrebt. Im vierten Akt bieten sich häufig noch vermeintliche Lösungsmöglichkeiten für den Konflikt an, die von den Figuren aber nicht genutzt werden. In unserem Fall ist es die Tatsache, dass der Hofmarschall die Intrige aufklären will, was Ferdinand in seiner Wut jedoch nicht versteht. Im Gegenteil: Ferdinands Andeutung, Luise töten zu wollen, weist schon auf die Katastrophe am Ende des Dramas hin.

4. Erinnerst du dich an den Verlauf von „Kabale und Liebe"? Schreibe zum Inhalt jedes Akts einige Stichpunkte auf die Zeilen.

I. Akt ______________________________

____

____

II. Akt ______________________________

____

____

III. Akt ______________________________

____

____

IV. Akt ______________________________

____

____

V. Akt ______________________________

____

____

Darum geht es in „Kabale und Liebe“:

- Ferdinand, der einzige Sohn des Präsidenten von Walter, verliebt sich in Luise, die Tochter des Hofmusikers Miller, und sie möchten heiraten. Sein Vater jedoch will ihn mit Lady Milford, der Geliebten des Herzogs, verheiraten, um so Ferdinands Karriere zu sichern (I. Akt = Konflikt).
- Da Ferdinand an seiner Liebe festhält, wollen der Präsident und sein Sekretär Wurm, der selbst Luise heiraten will, das Liebespaar durch eine Intrige auseinanderbringen (II. Akt = steigende Handlung).
- Luise wird erpresst, einen falschen Liebesbrief an den Hofmarschall von Kalb zu schreiben, der Ferdinand zugespielt wird (III. Akt = Höhepunkt / Wende des Geschehens).
- Obwohl der Hofmarschall das Ganze verrät, der Präsident bemerkt, dass die Intrige Ferdinand in die Raserei getrieben hat, Lady Milford auf Ferdinand verzichtet und das Land verlässt (IV. Akt = fallende Handlung),
- bringt Ferdinand aus Eifersucht Luise sowie sich selbst um und entlarvt seinen Vater und Wurm als Verbrecher, die zum Schluss verhaftet werden (V. Akt = Katastrophe).

Fassen wir zusammen: Schillers bürgerliches Trauerspiel „Kabale und Liebe“ entspricht in seinem Aufbau genau dem klassischen Dramenmodell. Die dritte Szene im vierten Akt ist Teil der fallenden Handlung mit retardierendem Moment: Für Ferdinand bietet sich mit dem Geständnis des Hofmarschalls eine Lösung des Konflikts. Er bemerkt dies in seiner Wut aber nicht und kündigt stattdessen den Mord an Luise an. Das Drama strebt unaufhaltsam der Katastrophe im fünften Akt zu.

Belege für das Sprichwort „Eifersucht macht blind"

Aus deinen bisherigen Untersuchungen ergibt sich automatisch die Lösung für die dritte und letzte Aufgabe: Das Sprichwort „Eifersucht macht blind" trifft zu und stimmt exakt mit der Entwicklung Ferdinands in dieser Szene überein.

Wichtig

Bevor du beginnst, den Aufsatz auszuformulieren, solltest du noch einmal überprüfen, ob deine Notizen eine logische und sinnvolle Reihenfolge ergeben. Die Gliederung ist durch die Aufgabenstellung bereits vorgegeben.

Die erste und wichtigste Teilaufgabe ist die Analyse Ferdinands (sein Verhalten, seine Sprache und seine Entwicklung); dabei musst du sehr überlegt vorgehen, um einerseits deine Argumente aus dem Text heraus fundiert zu belegen und andererseits Wiederholungen zu vermeiden.

Im zweiten Teil folgt die Einordnung der Szene in den Rahmen des Dramas, was natürlich deine gute Textkenntnis von „Kabale und Liebe" voraussetzt. Denke in diesem Zusammenhang an das Aufbauschema des klassischen Dramas; es wird dich bei der Lösung der Aufgabe unterstützen.

Die dritte Aufgabe ist relativ einfach, denn aus der bisherigen Analyse hast du sicher zahlreiche Belege für die Richtigkeit des Sprichworts „Eifersucht macht blind" gefunden.

Das Schreiben des Aufsatzes

Denke beim Schreiben des Aufsatzes an die Gliederung in Absätze. Nach einer Einleitung zu Beginn musst du auch Überleitungen zwischen den einzelnen Teilaufgaben formulieren, damit der Leser weiß, worum es im folgenden Abschnitt deiner Analyse geht.

Schau dir nun noch einmal die Aufgabenstellung an (siehe Seite 103) und schreibe einen kompletten Aufsatz zum Textauszug aus „Kabale und Liebe". Versuche es zunächst selbstständig und vergleiche anschließend deinen Vorschlag mit dem folgenden Aufsatzbeispiel.

Aufsatzbeispiel

Einleitung

Der vorliegende Text gehört zur dritten Szene des vierten Akts von Friedrich Schillers bürgerlichem Trauerspiel „Kabale und Liebe", das im Jahr 1784 uraufgeführt wurde. Darin kommt es zu einer heftigen Auseinandersetzung zwischen dem Hofmarschall und Ferdinand, nachdem er einen Liebesbrief Luises an von Kalb gelesen hatte.

Überleitung

Zunächst soll untersucht werden, wie die Person Ferdinand gestaltet ist und was sie hinsichtlich Handlungen, Äußerungen und Entwicklung innerhalb der Szene charakterisiert.

Hauptteil/ Aufgabe 1

Ferdinands Handlungen werden von der Verzweiflung über den vermeintlichen Betrug Luises bestimmt. Er kennt den Inhalt des Briefs und ist eifersüchtig auf den Hofmarschall, den er töten will. Den eigenen Tod nimmt er dabei in Kauf, denn er nimmt zwei Pistolen von der Wand herunter (vgl. Regieanweisung Z. 14f.). Er drängt dem Hofmarschall eine Pistole auf (vgl. Z. 24f.) und fordert von ihm ein Duell über dem Schnupftuch. Das bedeutet, dass beide ein Ende des Tuchs in die Hand nehmen und aus dieser Entfernung aufeinander schießen sollen. Es ist klar, dass bei dieser kurzen Distanz keiner von beiden danebenschießen würde.

In seiner Wut schüttelt Ferdinand den Hofmarschall (vgl. Z. 79) und will von ihm ein Geständnis erpressen, indem er ihm eine Pistole aufs Herz drückt (vgl. Z. 95). Zum Schluss stößt er den Hofmarschall aus dem Zimmer (vgl. Z. 111), weil er eine Pistolenkugel zur Tötung dieser feigen Person für reine Verschwendung hält: „Für deinesgleichen ist kein Pulver erfunden" (Z. 111f.).

Der Text macht klar, dass Ferdinands Handlungen vom Schwanken zwischen Wut auf den Hofmarschall und ohnmächtiger Verzweiflung, Luise verloren zu haben, geprägt sind. Sein Verstand und seine Vernunft sind dadurch völlig blockiert.

Überleitung

Ferdinands Äußerungen gehen in die gleiche Richtung wie seine Handlungen und unterstreichen diese nachhaltig.
Ist er zu Beginn der Szene noch etwas ironisch, wenn er sagt, dass er „zum Glück"der Finder des Briefs war (vgl. Z. 5f.) und vom Hofmarschall „Finderlohn" (Z. 20) in Form eines Duells verlangt, so steigert sich rasch seine Wut. Er spricht „mit starker, schrecklicher Stimme" (Z. 23) und beschimpft den Hofmarschall als Feigling (vgl. „Memme", Z. 31 und öfter).

Danach dominiert vorübergehend wieder die scheinbare Ironie, die der Hofmarschall als solche missversteht: „Oh! Gott sei ewig Dank! Er wird witzig" (Z. 67). Ferdinands Wut erneuert sich (vgl. Regieanweisung Z. 77) und steigt an, was sich in den Beschimpfungen und Drohungen gegenüber dem Hofmarschall sowie in den Regieanweisungen für seinen Tonfall (z. B. „fürchterlich", Z. 86f. und „grimmiger", Z. 103) zeigt.

Am Ende der Szene jagt Ferdinand in einem letzten wütenden Aufbäumen den Hofmarschall aus dem Zimmer. Der Leser merkt, dass hier seine Wut in Verzweiflung übergeht.

Sowohl die Handlungen als auch seine Äußerungen zeigen, dass Ferdinand eine Entwicklung durchmacht. Sie ist das wichtigste Element im Text. Überleitung

Am Anfang der Szene will Ferdinand den Hofmarschall durch ein Duell über dem Schnupftuch töten und dabei selbst sterben. Die Feigheit des Marschalls steigert seine Wut und er will ihn zum Geständnis bringen, wie weit er mit Luise gekommen ist. Seine rasende Eifersucht verhindert jedoch, dass Ferdinand die Versuche des Hofmarschalls, die Intrige aufzudecken, versteht (vgl. Z. 91 – 102).

Am Ende der Szene, als die Wut auf den Hofmarschall der Verzweiflung weicht, kündigt Ferdinand an, dass er Luise töten wird: „Die Millerin ist *verloren* (...)" (Z. 108). Sein ursprüngliches Vorhaben (siehe Beginn der Szene) ist unbedeutend geworden; Ferdinand hat nun ein anderes Ziel.

Nun soll es darum gehen, wie die vorliegende Szene in den Gesamtrahmen des Theaterstücks einzuordnen ist. Überleitung/ Aufgabe 2

Das bürgerliche Trauerspiel „Kabale und Liebe" ist wie ein klassisches Drama aufgebaut. Der erste Akt beinhaltet den Auslöser in Form eines Konflikts: Ferdinand, der einzige Sohn des Präsidenten von Walter, verliebt sich in Luise, die Tochter des Hofmusikers Miller, und sie möchten heiraten. Sein Vater jedoch will ihn mit Lady Milford, der Geliebten des Herzogs, verheiraten, um so Ferdinands Karriere zu sichern.

Im zweiten Akt steigt die Handlung an: Da Ferdinand an seiner Liebe festhält, wollen der Präsident und sein Sekretär Wurm, der selbst Luise heiraten will, das Liebespaar durch eine Intrige auseinanderbringen.

Der Höhepunkt – und gleichzeitig die Wende des Geschehens – ist im dritten Akt platziert: Luise wird erpresst, einen falschen Liebesbrief an den Hofmarschall von Kalb zu schreiben, der Ferdinand zugespielt wird.

Im vierten Akt – hierzu gehört die vorliegende Szene – fällt die Handlung ab. Es geht auf das Ende zu, das durch ein retardierendes Element hinausgezögert wird: Der Hofmarschall verrät das Ganze, der Präsident bemerkt, dass die Intrige Ferdinand in die Raserei getrieben hat, Lady Milford verzichtet auf Ferdinand und verlässt das Land. Das Geständnis des Hofmarschalls weckt beim Leser die Hoffnung auf ein gutes Ende des Dramas. Es ist eine vermeintliche Lösungsmöglichkeit für den Konflikt, die von den Figuren aber nicht genutzt wird. In diesem Fall ist es Ferdinand, der in seiner Wut die Bedeutung der Worte von Kalbs nicht versteht. Im Gegenteil: Ferdinands Andeutung, Luise töten zu wollen, weist schon auf die Katastrophe am Ende des Dramas hin.

Der fünfte Akt bringt mit der Katastrophe das Ende der Handlung: Ferdinand vergiftet aus Eifersucht Luise sowie sich selbst und entlarvt seinen Vater und Wurm als Verbrecher, die verhaftet werden.

Überleitung/ Aufgabe 3

Das Sprichwort „Eifersucht macht blind" passt exakt zum Inhalt dieser Szene.

Im Mittelpunkt steht Ferdinand mit seiner wütenden Eifersucht, die sich in seinen Handlungen und Äußerungen zeigt. Er glaubt, dass Luise ihn mit dem Hofmarschall betrogen hat, und will von Kalb zu einem Geständnis zwingen. Der Hofmarschall gesteht – jedoch nicht sein Verhältnis mit Luise, das es ja nicht gibt, sondern die Intrige, die auf Kosten Ferdinands angezettelt wurde. Das ist dann auch die Schlüsselstelle des Textes: Ferdinand hört überhaupt nicht zu, als von Kalb die Wahrheit sagt. Er verpasst die große Chance, den Konflikt zu lösen, und wird durch seine blinde Eifersucht zu einem Hauptverantwortlichen für die Katastrophe am Ende.

Schluss/Fazit

Erst sterbend – und damit viel zu spät – verliert er seine Blindheit und verzeiht Luise.

2 Joseph von Eichendorff: *Nachts*
Günter Eich: *Wald, Bestand an Bäumen*
Gedichtvergleich

- Interpretiere das Gedicht „Nachts“ von Joseph von Eichendorff. Prüfe dabei, inwieweit Form, Sprache und Aussage einander entsprechen.
- Vergleiche damit, welches Bild des Waldes Günter Eichs Gedicht hervorruft.
- Erläutere, welches der beiden Gedichte deine Ansicht über Wald und Natur besser wiedergibt.

Joseph von Eichendorff (1788 – 1857): Nachts

Ich stehe in Waldesschatten
Wie an des Lebens Rand,
Die Länder wie dämmernde Matten
Der Strom wie ein silbern Band.

Von fern nur schlagen die Glocken
Über die Wälder herein,
Ein Reh hebt den Kopf erschrocken
Und schlummert gleich wieder ein.

Der Wald aber rühret die Wipfel
Im Traum von der Felsenwand.
Denn der Herr geht über die Gipfel
Und segnet das stille Land.

Worterklärung: Matten (Z. 3) = Wiesen

Günter Eich (1907 – 1972): Wald, Bestand an Bäumen

Wald, Bestand an Bäumen, zählbar
Schonungen, Abholzung, Holz- und Papierindustrie,
Mischwald ist am rentabelsten
Schädlinge, Vogelschutz
Wildbestand, Hege, Jagdgesetze
Beeren, Bucheckern, Pilze, Reisig
Waldboden, Wind, Jahreszeiten,
Zivilisationslandschaft

Zauberwald Merlins
Einhorn (das Tier, das es nicht gibt)
        das uns bevorsteht,
        das wir nicht wollten
        die vergessene Zukunft

Wichtig

Lies die Aufgabenstellung in Ruhe durch. Wenn dir der Gedichtvergleich zu umfangreich oder zu schwer erscheint, kannst du die Aufgabe verkürzen und zunächst nur das Gedicht von Joseph von Eichendorff interpretieren. Einige Tage später gehst du den zweiten Schritt und vergleichst es mit dem Gedicht von Günter Eich.

Hier bleiben wir bei der auf Seite 124 genannten Aufgabenstellung: Du sollst

① das Eichendorff-Gedicht hinsichtlich Form, Sprache und Aussage untersuchen sowie prüfen, ob alle drei Elemente miteinander zusammenhängen;

② das Bild des Waldes im Eichendorff-Gedicht mit dem im Eich-Gedicht vergleichen und

③ eine persönliche Stellungnahme formulieren, welches der beiden Gedichte deine Ansicht über Wald und Natur besser wiedergibt.

Wenn du das Thema – Naturdarstellungen in der Lyrik – in deine Überlegungen einbeziehst, erkennst du, dass es bei der ersten Aufgabe vor allem zu analysieren gilt, welches Bild Joseph von Eichendorff von Wald und Natur erzeugt.

Dieses Ergebnis sollst du mit dem Bild vergleichen, das Günter Eich in seinem Gedicht vermittelt. Diese Aufgabe ist nur sinnvoll, wenn die beiden Naturdarstellungen sich unterscheiden (was sie in der Tat sehr deutlich tun). Du musst also auch auf das Naturbild bei Günter Eich sowie auf Gemeinsamkeiten und Unterschiede zwischen beiden Texten achten.

In der dritten Aufgabe ist deine persönliche Meinung gefragt. Zentrale Fragen für dich sind beispielsweise: Was denke ich über Wald und Natur – und warum? Welches der beiden Gedichte gibt meine Ansichten besser wieder – und warum? Das Warum ist sehr wichtig, denn du sollst deine Meinung nicht nur mitteilen, sondern immer begründen. Je sinnvoller und überzeugender deine Gründe sind, desto besser fällt deine Stellungnahme aus.

Wichtig

Gehe wieder Schritt für Schritt vor und schreibe zuerst die Punkte, die du untersuchen sollst, auf einen Zettel. Lass dabei genügend Platz, damit du beim zweiten und dritten Durchlesen der Gedichte Notizen machen kannst.

Bei der Interpretation eines Gedichts ist es wichtig, dass du auf Wortwahl, Klang, Komposition, Reim, Rhythmus und Aussage achtest. Da ein lyrischer Text im Unterschied zu einem Prosatext recht kurz ist, kann jedes einzelne Wort für deine Analyse von Bedeutung sein. Lies vorab am besten das Kapitel über lyrische Texte (siehe Seite 13ff.) durch. Dort erhältst du weitere Infos, die dich bei deiner Analyse unterstützen.

Hier noch ein Tipp: Bei der dritten Aufgabe ist es nicht erforderlich, dass du deine Bewertung ausführlich formulierst. Das kostet nur unnötig Zeit und kann durch Zeichen (beispielsweise + oder –) hinter den Dingen, denen du zustimmst oder die du ablehnst, markiert werden. Nutze diesen Teil deiner Notizen lieber, um Ideen für einen Einleitungssatz sowie die Argumente, mit denen du deine Stellungnahme begründest, in Stichworten festzuhalten.

Dein Notizzettel sollte etwa so aussehen:

<u>Eichendorffs Bild von Wald und Natur:</u>

Form:

Sprache:

Aussage:

Entsprechung zwischen Form, Sprache und Aussage?

<u>Eichs Bild von Wald und Natur:</u>

Gemeinsamkeiten mit Eichendorff:

Unterschiede zu Eichendorff:

<u>Argumente für Stellungnahme:</u>

Form des Eichendorff-Gedichts

5. Lies den Text des Eichendorff-Gedichts auf Seite 119 laut vor und markiere in jeder Verszeile die Hebungen durch Akzente (Beispiele: Hébungen, Akzénte).

Deine Lösung müsste so aussehen:

Ich stéhe in Wáldesschátten	x I x́ x x I x́ x I x́ x
Wie án des Lébens Ránd,	x I x́ x I x́ x I x́
Die Lä́nder wie dä́mmernde Mátten	x I x́ x x I x́ x x I x́ x
Der Stróm wie ein sílbern Bánd.	x I x́ x x I x́ x I x́
Von férn nur schlágen die Glócken	x I x́ x I x́ x x I x́ x
Ǘber die Wä́lder heréin,	x́ x x I x́ x x I x́
Ein Réh hebt den Kópf erschrócken	x I x́ x x I x́ x I x́ x
Und schlúmmert gléich wieder éin.	x I x́ x I x́ x x I x́
Der Wáld aber rǘhret die Wípfel	x I x́ x x I x́ x x I x́ x
Im Tráum von der Félsenwánd.	x I x́ x x I x́ x I x́
Denn der Hérr geht ǘber die Gípfel	x x I x́ x I x́ x x I x́ x
Und ségnet das stílle Lánd.	x I x́ x x I x́ x I x́

6. Wenn du die regelmäßig gebauten Verse liest und die Aufteilung des Textes in drei Strophen liest – woran erinnert dich das?

Genau: Das Eichendorff-Gedicht hat die Form eines Liedes. Es umfasst drei regelmäßig gebaute Strophen mit jeweils vier Versen, die durch Kreuzreime (abab cdcd efef) miteinander verbunden sind.

Weitere Merkmale bei der Form des Gedichts sind:

- Beim Blick auf den Text und seine Verteilung von Hebungen und Senkungen wird deutlich, dass das Gedicht aus zwölf dreihebigen Versen besteht, einmal ohne Auftakt (Z. 6) und einmal mit doppeltem Auftakt (Z. 11). Der Ausnahme in Zeile 11 entspricht der besondere Inhalt dieses Verses, denn hier wird mit „Herr“ Gott genannt.
- Die Kadenzen (= Versschlüsse) sind regelmäßig – im ersten und dritten Vers jeder Strophe weiblich (klingend) und im zweiten und vierten jeweils männlich (stumpf).
- Die Verse bestehen überwiegend aus Trochäen (zwei Silben, von denen die erste betont wird), daneben kommen auch Daktylen (drei Silben, von denen die erste betont wird) vor. Es handelt sich insgesamt um einen fallenden Rhythmus.
- Die ersten beiden Strophen bestehen aus jeweils einem Satz, die dritte Strophe umfasst zwei Sätze. Die Verse sind durch Enjambements (= Zeilensprünge) miteinander verbunden; das Gedicht ist also im Hakenstil verfasst.
- Innerhalb der Verse gibt es zwar keine Zäsuren, doch das Satzende in Vers 10 erzwingt eine Zäsur vor Vers 11. Die Erwähnung Gottes wird also nicht nur durch den doppelten Auftakt in Vers 11, sondern auch durch eine Zäsur am Ende von Vers 10 besonders herausgehoben.

Sprache des Eichendorff-Gedichts

7. Schau dir nun die Sprache des Gedichts genauer an. Welche lyrischen Mittel verwendet der Autor? Schreibe deine Beobachtungen auf die Zeilen.

Im Gedicht fallen zahlreiche lyrische Mittel auf:

- Metonymie: Das Wort „Waldrand“ wird durch einen Begriff, der mit dem Gemeinten in enger Beziehung steht, ersetzt. Das Ersatzwort hier heißt „Waldesschatten“ (Z. 1).
- Vergleiche: „Wie an des Lebens Rand“ (Z. 2), „wie dämmernde Matten“ (Z. 3), „wie ein silbern Band“ (Z. 4)
- Symbole: Für die Nähe des Todes, die in Zeile 2 mit „des Lebens Rand“ umschrieben wird, steht das Schlagen der Glocken (vgl. Z. 5). Gleichzeitig ist das Schlagen der Glocken ein Symbol für Geräusche der Zivilisation, während das Reh in Zeile 7 die unberührte Natur verkörpert.
- Personifikation: „Der Wald aber rühret die Wipfel/Im Traum von der Felsenwand“ (Z. 9f.)
- Metapher: „der Herr geht über die Gipfel“ (Z. 11) steht für die Allgegenwart Gottes. Auffällig ist auch hier, dass die Erwähnung Gottes durch eine Bewegung des personifizierten Waldes, der sich gleichsam zu verneigen scheint, angekündigt wird (vgl. Z. 9f.).

8. Welche Aussagen stecken bildlich in den einzelnen Strophen? Schreibe auf die Zeilen.

Strophe 1

Strophe 2

Strophe 3

Das Gedicht enthält als Aussage drei Bilder:

- In der ersten Strophe steht das lyrische Ich, mit dem das Gedicht beginnt, am Waldrand („in Waldesschatten“, Z. 1), hat Todesahnungen (Z. 2) und blickt hinaus auf den Fluss (Z. 4) sowie auf die angrenzenden Wiesen, die zu schlafen (vgl. „dämmernde“, Z. 3) scheinen. Es wird also eine idyllische Ideallandschaft geschildert.
- Dies findet sich auch in der zweiten Strophe, in der das lyrische Ich in den Wald hineinblickt: Die Geräusche der Zivilisation („schlagen die Glocken“, Z. 5) können zwar in die Idylle eindringen (Z. 6), sie aber nicht stören (Z. 7f.).
- In der dritten Strophe wird die Idylle durch das Erscheinen Gottes religiös überhöht: Der Wald verneigt sich vor Gott (Z. 9f.) und empfängt seinen Segen (Z. 11f.).

Der Titel „Nachts“ siedelt die Idylle und die Reflexionen des lyrischen Ichs in der Ruhe der Nacht an. Insgesamt ist das Gedicht typisch für die Epoche der Romantik: Es wird eine religiös überhöhte Idylle geschildert, in der die Probleme des täglichen Lebens bewusst ausgeblendet werden.

Und was kannst du nun als Fazit über die Entsprechung von Form, Sprache und Aussage des Gedichts feststellen? – Richtig! Alle drei Elemente passen zusammen: der liedhafte Ton, der gleichmäßige Rhythmus, die romantische Sprache, die Aussagen über die religiös anmutende Idylle.

Bild des Waldes im Eich-Gedicht

9. Welches Bild des Waldes vermittelt dagegen das Gedicht von Günter Eich? Schreibe deine Beobachtungen auf die Zeilen.

Das Bild des Waldes im Gedicht von Günter Eich ist zweiteilig. In der ersten Strophe (Z. 1 – 8) wird der Wald als „Zivilisationslandschaft" (Z. 8) ganz nüchtern mit seinen natürlichen Bestandteilen, den vom Menschen für den Wald geschaffenen Regeln und seiner ökonomischen Ausnutzung geschildert.

Diesem vom Menschen dominierten Wald wird in der zweiten Strophe eine Märchenlandschaft („Zauberwald Merlins", Z. 9 und „Einhorn", Z. 10) gegenübergestellt, die es jedoch nicht gibt. Die Trauer über den zerstörten Wald, der durch die Zivilisation seine Natürlichkeit verloren hat, kommt in den letzten drei Zeilen zum Ausdruck: Der Wald hat keine Zukunft mehr und ist auch kein magischer Ort zum Träumen.

Unterschiede zwischen den Gedichten

10. Als Gemeinsamkeiten beider Gedichte erkennst du, dass Eichendorff und Eich den Wald als Ort schildern, über den ein lyrisches Ich zu reflektieren beginnt. Die Unterschiede zwischen beiden Gedichten hinsichtlich der Aussage überwiegen jedoch. Was fällt dir auf?

- Für Eichendorff ist im nächtlichen Wald die Anwesenheit Gottes erlebbar. Der Wald lässt sich von der Zivilisation nicht stören; in dieser idyllischen Landschaft kann das lyrische Ich in Ruhe über Leben und Tod nachdenken.
- Eich dagegen schildert den Wald als vom Menschen gestörte, ja zerstörte Landschaft. Die Natur wird vom Menschen dominiert; was zählt, sind Baum- und Wildbestand, Profit durch rentablen Mischwald und Gesetze. Ein solcher Wald hat seine Magie verloren: Der frühere „Zauberwald Merlins“ (Z. 9) wurde zur „Zivilisationslandschaft“ (Z. 8).

Persönliche Stellungnahme

Wenn du dir überlegst, welches Naturbild dir am überzeugendsten erscheint, kannst du dich entweder eher für die romantische Naturdarstellung von Eichendorff, die moderne Auffassung Eichs – oder sogar für eine Ablehnung beider Positionen entscheiden. Wichtig ist in jedem Fall, dass du deine Meinung nachvollziehbar und mit sinnvollen Argumenten begründest.

11. Versuche es selbst: Schreibe eine kurze persönliche Stellungnahme. Plädiere dabei entweder für das Gedicht von Günter Eich oder nimm eine Position ein, mit der du dich gegen beide Darstellungen entscheidest. Suche auf jeden Fall gute und nachvollziehbare Gründe. Vergleiche dann deine Argumente mit den Vorschlägen, die im Anschluss an diese Aufgabe abgedruckt sind.

Mögliche Lösungen für die beiden Positionen sehen so aus:

Für Eich

Meiner Meinung nach trifft das moderne Gedicht von Günter Eich den Nagel auf den Kopf. Den heutigen Menschen fehlt es meist an romantischen Vorstellungen, wie sie im Eichendorff-Gedicht zum Ausdruck kommen. Ganz im Gegenteil: Der Wald als unberührtes Stück Natur existiert kaum noch, da der Mensch eingreift und wirtschaftliche Überlegungen in den Vordergrund stellt. Rentabel soll die Natur sein und ausschließlich Rohstofflieferant für die sogenannte zivilisierte Welt. Mag sein, dass wir uns manchmal einen „Zauberwald Merlins", der uns zum Träumen einlädt, heimlich herbeisehnen, doch in Wirklichkeit ist der Wald durch Gesetze und Vorschriften der Menschen reglementiert und soll entsprechend „funktionieren".
Die Kritik Günter Eichs ist berechtigt. Sein Gedicht kann auch als Warnung verstanden werden, dass der Mensch keine Zukunft hat, wenn er die natureigenen Gesetze nicht respektiert. Abholzungen in Regenwäldern etwa haben schon zur Veränderung des Weltklimas beigetragen. Auf die Dauer zerstört der Mensch daher nicht nur die Natur, sondern auch sich selbst.

Gegen Eich und Eichendorff

Meiner Meinung nach gehen, aus heutiger Sicht betrachtet, beide Gedichte an der Wirklichkeit vorbei. Der Wald als religiös überhöhte Idylle, wie sie Eichendorff in den Vordergrund stellt, existiert schon lange nicht mehr. Insofern hat Günter Eich Recht, wenn er das Eingreifen des Menschen in die Natur durch Gesetze kritisiert: Der Wald sollte nicht nur ein Wirtschaftsfaktor sein.
Es hilft uns jedoch nicht, einem Traum vom „Zauberwald Merlins" nachzutrauern. Wir brauchen Lösungen zur Sicherung unserer Zukunft durch Bewahrung der Natur – und Lösungsansätze sind im Gedicht von Günter Eich nicht zu finden.

Wichtig

Bevor du beginnst, den Aufsatz auszuformulieren, solltest du noch einmal überprüfen, ob deine Notizen eine logische und sinnvolle Reihenfolge ergeben. Die Gliederung ist durch die Aufgabenstellung bereits vorgegeben.

Die erste und wichtigste Teilaufgabe ist die Analyse des Eichendorff-Gedichts hinsichtlich Form, Sprache und Aussage sowie die Feststellung, dass alle Elemente in der Zielsetzung einander entsprechen. Der Schlüssel zum Verständnis dieses Gedichts ist das religiöse Erlebnis. Du könntest also von der Aussage ausgehen und die Untersuchungen zu Form und Sprache hieran anschließen.

Im zweiten Teil sollst du lediglich das vermittelte Bild des Waldes untersuchen, also keine umfassende Interpretation des Gedichts von Günter Eich vornehmen.

Die dritte Aufgabe verlangt von dir eine persönliche Stellungnahme, wobei du dich für eines von beiden Bildern des Waldes (mit sinnvoller Begründung) entscheiden sollst – oder beide ablehnen kannst. Natürlich ist auch eine ablehnende Haltung plausibel zu erklären.

Das Schreiben des Aufsatzes

Denke beim Schreiben des Aufsatzes an die Gliederung in Absätze. Nach einer passenden Einleitung zu Beginn musst du auch Überleitungen zwischen den einzelnen Teilaufgaben formulieren, damit der Leser weiß, worum es im folgenden Abschnitt deiner Analyse geht.

Schau dir nun noch einmal die Aufgabenstellung an (siehe Seite 119) und schreibe einen kompletten Aufsatz. Versuche es zunächst selbstständig und vergleiche anschließend deinen Vorschlag mit dem folgenden Aufsatzbeispiel.

Aufsatzbeispiel

Das romantische Gedicht „Nachts" von Joseph von Eichendorff und Günter Eichs modernes Gedicht „Wald, Bestand an Bäumen" zeigen, wie unterschiedlich Natur – hier speziell der Wald – in der Lyrik dargestellt werden kann. Während für Eichendorff die Idylle im Vordergrund steht, sieht Günter Eich einen vom Menschen gestörten Ort, der nur noch als wirtschaftlicher Faktor zählt. Einleitung

Zunächst soll untersucht werden, wie das Gedicht von Eichendorff hinsichtlich Form, Sprache und Aussage gestaltet ist und ob diese drei Elemente zusammenpassen. Überleitung

Das Eichendorff-Gedicht besteht aus drei Strophen zu je vier Verszeilen, die durch Kreuzreime (abab cdcd efef) miteinander verbunden sind. Die regelmäßige Form erinnert an ein Lied und unterstreicht die Aussage: Die rhythmische Gleichmäßigkeit des Gedichts entspricht dem friedlichen Wald. Hauptteil/ Aufgabe 1

Beim Blick auf den Text und seine Verteilung von Hebungen und Senkungen wird deutlich, dass das Gedicht aus zwölf dreihebigen Versen besteht, einmal ohne Auftakt (Z. 6) und einmal mit doppeltem Auftakt (Z. 11). Der Ausnahme in Zeile 11 entspricht der besondere Inhalt dieses Verses, denn hier wird mit „Herr" Gott genannt. Die Kadenzen sind regelmäßig – im ersten und dritten Vers jeder Strophe weiblich (klingend) und im zweiten und vierten jeweils männlich (stumpf). Die Verse bestehen überwiegend aus Trochäen, daneben kommen auch Daktylen vor. Es handelt sich insgesamt um einen fallenden Rhythmus.

Die ersten beiden Strophen bestehen aus jeweils einem Satz, die dritte Strophe umfasst zwei Sätze. Die Verse sind durch Enjambements miteinander verbunden; das Gedicht ist also im Hakenstil verfasst. Innerhalb der Verse gibt es zwar keine Zäsuren, doch das Satzende in Vers 10 erzwingt eine Zäsur vor Vers 11. Die Erwähnung Gottes wird somit nicht nur durch den doppelten Auftakt in Vers 11, sondern auch durch eine Zäsur am Ende von Vers 10 besonders herausgehoben.

Die Sprache des Gedichts ist sehr poetisch. Das lyrische „Ich" (Z. 1) stellt sich an den Anfang und macht deutlich, dass es aus seiner subjektiven Sicht spricht. Es steht am Waldrand, was im Gedicht durch die Metonymie „Waldesschatten" (Z. 1) ausgedrückt ist. Sowohl das Wort „Schatten" als auch der Vergleich „Wie an des Lebens Rand" (Z. 2) versinnbildlichen die Nähe des Todes. Dieses Bild greift die zweite Strophe mit dem Schlagen der Glocken (Z. 5) symbolisch auf. Die von Menschenhand bewegten Glocken können die Idylle des Waldes jedoch nicht stören. Die unberührte Natur, umschrieben mit dem „Reh" (Z. 7), „schlummert gleich wieder ein"

(Z. 8). Die dritte Strophe stellt Gott in den Mittelpunkt. Die Metapher „der Herr geht über die Gipfel" (Z. 11) steht für seine Allgegenwart. Auffällig ist hier, dass die Erwähnung Gottes durch eine Bewegung des personifizierten Waldes, der sich gleichsam zu verneigen scheint, angekündigt wird (vgl. Z. 9f.).

Hinsichtlich der Aussage lässt sich feststellen, dass jede Strophe ein Bild entwirft. In der ersten Strophe steht das lyrische Ich am Waldrand, hat Todesahnungen (Z. 2) und blickt hinaus auf den Fluss (Z. 4) sowie auf die angrenzenden Wiesen, die zu schlafen (vgl. „dämmernde", Z. 3) scheinen. Es wird also eine idyllische Ideallandschaft geschildert. Dies findet sich auch in der zweiten Strophe, in der das lyrische Ich in den Wald hineinblickt: Die Geräusche der Zivilisation („schlagen die Glocken", Z. 5) können zwar in die Idylle eindringen (Z. 6), sie aber nicht stören (Z. 7f). In der dritten Strophe wird die Idylle durch das Erscheinen Gottes religiös überhöht: Der Wald verneigt sich vor Gott (Z. 9f.) und empfängt seinen Segen (Z. 11f.).
Der Titel „Nachts" siedelt die Reflexionen eines lyrischen Ichs in der Ruhe der Nacht an. Insgesamt ist das Gedicht typisch für die Epoche der Romantik: Es wird eine religiös überhöhte Idylle geschildert, in der die Probleme des täglichen Lebens bewusst ausgeblendet werden. Der liedhafte Ton, der gleichmäßige Rhythmus und die romantische Sprache passen mit der Schilderung zusammen.

Überleitung

Ganz anders als bei Eichendorff sieht das Bild des Waldes im modernen Gedicht von Günter Eich aus.

Aufgabe 2

Es ist zweiteilig: In der ersten Strophe (Z. 1 – 8) wird der Wald als „Zivilisationslandschaft" (Z. 8) ganz nüchtern mit seinen natürlichen Bestandteilen, den vom Menschen für den Wald geschaffenen Regeln und seiner ökonomischen Ausnutzung geschildert. Diesem vom Menschen dominierten Wald wird in der zweiten Strophe eine Märchenlandschaft („Zauberwald Merlins", Z. 9 und „Einhorn", Z. 10) gegenübergestellt, die es jedoch nicht gibt. Die Trauer über den zerstörten Wald, der durch die Zivilisation seine Natürlichkeit verloren hat, kommt in den letzten drei Zeilen zum Ausdruck: Der Wald hat keine Zukunft mehr und ist auch kein magischer Ort zum Träumen.

Für Eichendorff ist im nächtlichen Wald die Anwesenheit Gottes erlebbar. Der Wald lässt sich von der Zivilisation nicht stören; in dieser idyllischen Landschaft kann das lyrische Ich in Ruhe über Leben und Tod nachdenken. Eich dagegen schildert den Wald als vom Menschen gestörte, ja zerstörte Landschaft. Für ihn zählen Baum- und Wildbestand, Profit durch rentablen Mischwald und Gesetze. Ein solcher Wald hat seine Magie verloren: Der frühere „Zauberwald Merlins" (Z. 9) wurde zur „Zivilisationslandschaft" (Z. 8).

Aufgabe 3

Meiner Meinung nach trifft das moderne Gedicht von Günter Eich den Nagel auf den Kopf. Den heutigen Menschen fehlt es meist an romantischen Vorstellungen, wie sie im Eichendorff-Gedicht zum Ausdruck kommen. Ganz im Gegenteil: Der Wald als unberührtes Stück Natur existiert kaum noch, da der Mensch eingreift und wirtschaftliche Überlegungen in den Vordergrund stellt. Rentabel soll die Natur sein und ausschließlich Rohstofflieferant für die sogenannte zivilisierte Welt. Mag sein, dass wir uns manchmal einen „Zauberwald Merlins", der uns zum Träumen einlädt, heimlich herbeisehnen, doch in Wirklichkeit ist der Wald durch Gesetze und Vorschriften der Menschen reglementiert und soll entsprechend „funktionieren".

Schluss/Fazit

Die Kritik Günter Eichs ist berechtigt. Sein Gedicht kann auch als Warnung verstanden werden, dass der Mensch keine Zukunft hat, wenn er die natureigenen Gesetze nicht respektiert. Abholzungen in Regenwäldern etwa haben schon zur Veränderung des Weltklimas beigetragen. Auf die Dauer zerstört der Mensch daher nicht nur die Natur, sondern auch sich selbst.

Quellenangaben

Seite 6: Joachim Ringelnatz, Bumerang, aus: ders., *Turngedichte*, Berlin (Karl H. Henssel Verlag), 1974.

Seite 16ff.: Margret Steenfatt, Im Spiegel, aus: *Augenaufmachen. 7. Jahrbuch der Kinderliteratur*, hrsg. von Hans-Joachim Gelberg, Weinheim/Basel (Beltz Verlag), 1984.

Seite 28 – 34: Max von der Grün, Masken, zitiert nach: ders., *Fahrtunterbrechung und andere Erzählungen*, Köln (Europäische Verlagsanstalt), 1965.

Seite 45ff.: Kurt Tucholsky, Herr Wendriner erzieht seine Kinder, aus: ders., *Gesammelte Werke in 10 Bänden, hrsg. von Mary Gerold-Tucholsky und Fritz J. Raddatz, Band 4, 1925 – 1926*, Reinbek (Rowohlt Taschenbuch Verlag), 1975.

Seite 56 – 62 und Seite 74 – 79: Auszüge aus Birgit Rabisch, *Duplik Jonas 7*, München (Deutscher Taschenbuch Verlag), 2. Auflage 1998.

Seite 87ff.: Auszug aus Erich Maria Remarque, *Im Westen nichts Neues. Roman*, Köln (Verlag Kiepenheuer & Witsch), 1984.

Seite 103 – 107: Auszug aus Friedrich Schiller, *Kabale und Liebe. Ein bürgerliches Trauerspiel*, Stuttgart (Reclam Verlag), 1977.

Seite 119: Joseph von Eichendorff, Nachts, zitiert nach: Joseph Freiherr von Eichendorff, *Werke in vier Bänden. Band 1, Gedichte*, auf Grund der von Dr. phil. Ludwig Krähe besorgten Ausgabe neu bearbeitet und wesentlich erweitert von René Strasser, Köln (Verlag Luzia Prösdorf), o. J.

Seite 120: Günter Eich, Wald, Bestand an Bäumen, zitiert nach: *Lesebuch. 9. Schuljahr,* hrsg. von Dieter Mayer und Fritz Winterling, Frankfurt am Main (Verlag Moritz Diesterweg), 1987.